PERIODISMO NARRATIVO Y NUEVOS ESCENARIOS DE COMUNICACIÓN

Periodismo narrativo
y nuevos escenarios de comunicación

Coordinador
Carlos Serrano Martín

Autores
Carlos Serrano Martín
Fabricio Rosero Vaca
Paola Mantilla
Ana María Larrea
Eduardo Rodrigues Bazi
Giulia Marcuccio Bucheroni
Mercedes Barrutia Navarrete
Héctor López Hidalgo
Jesús López de Lerma Galán
José Antonio Martín Matos
María Rubio Chaves

Sevilla
2017

Periodismo narrativo y nuevos escenarios de comunicación

Ediciones Egregius
www.egregius.es

Coordinador:
- Carlos Serrano Martín

Autores:
- Carlos Serrano Martín
- Fabricio Rosero Vaca
- Paola Mantilla
- Ana María Larre
- Eduardo Rodrigues Bazi
- Giulia Marcuccio Bucheroni
- Mercedes Barrutia Navarrete
- Héctor López Hidalgo
- Jesús López de Lerma Galán
- José Antonio Martín Matos
- María Rubio Chaves
-

Maquetación y diseño: Francisco Anaya Benitez

ISBN 978-84-946978-9-0

ÍNDICE

PRÓLOGO

Con cada día que pasa, nuevas maneras de trasmitir información invaden el panorama comunicacional. Obligan al periodista a tener que adaptarse, no quedar atascado en una forma de trabajar que necesite una puesta a punto. La prensa digital obligó a desarrollar al máximo la capacidad de síntesis, las redes sociales a manejar redacción web y fotografía, a la par que conocimientos de emisión en vídeo. Todo ello con un estilo más cercano, lejos del comunicado o dossier, para obligar al lector a consumir información y hacer que dicho proceso sea más ameno.

Esto supone un primer síntoma de la crisis por la que pasa la profesión de periodismo: la "ocialización" de la comunicación. De la mano lleva a otra consecuencia: se ha confundido muchas veces el tratar de hacer más llevadera la materia informativa con la banalidad y el tratar de manera superficial la realidad. El público desconfía de los medios de comunicación por ello.

Entre los enormes avances de los medios de comunicación de masas uno de los puntos más recientes de debate viene desde el aire. El uso de drones en este terreno poco a poco es una realidad. Hace solo tres años, durante el 15 Simposio Internacional de Periodismo Online organizado por la Universidad de Texas, se debatió sobre las nuevas herramientas periodísticas para lograr narrar historias en la Red. Entre ellas se incluyeron a los drones. Lo que parecía una aplicación destinada exclusivamente a uso militar, abre una ventana de acceso a donde el periodista sólo había soñado.

 Esto es mostrar, a un público cada vez más receloso del porcentaje de veracidad que hay en el trabajo periodístico, la imagen pura del hecho informado. No hay duda para el debate sobre un posible montaje. En definitiva, es cambiar el envoltorio que cubre la información, producto estrella. Pero, como siempre, sin renunciar a los principios nobles que encierra el gremio periodístico. Bastantes años antes de los drones, periodismo y literatura han ido forjando a largo de los años un muy bien llevado matrimonio.

En muchos de los trabajos en prensa, firmados por las mejores plumas del siglo XX, encontramos auténticas joyas de la palabra escrita. Una crónica es el mejor de los relatos breves, un reportaje supone la gran novela. Prosa en el periodismo que en muchos ejemplos, por su sinceridad y sensibilidad, roza la poesía. Podríamos decir que la frontera entre géneros periodísticos radica, entre otros motivos, en la cantidad de literatura que pueden soportar.

Es decir, no puedo incluir el mismo porcentaje de lenguaje literario en una noticia que un reportaje. Ahora bien, el reto más difícil es que el lector se convenza de que el uso de un lenguaje más literario no equivale a invención de los hechos u omisión de la realidad. Se confunde la intencionalidad del autor con mentir. Cómo afirmó Kapuscinski:

> El verdadero periodismo es intencional... Se fija un objetivo e intenta provocar algún tipo de cambio. El deber de un periodista es informar, informar de manera que ayude a la humanidad y no fomentando el odio o la arrogancia. La noticia debe servir para aumentar el conocimiento del otro, el respeto del otro. Las guerras siempre empiezan mucho antes de que se oiga el primer disparo, comienza con un cambio del vocabulario en los medios. En los Balcanes se pudo ver claramente cómo se estaba cocinando el conflicto.

En el terreno comunicacional, la mayoría de las veces, por desgracia, no se puede luchar contra ciertas consecuencias de algunos avances tecnológicos. Al aplicarse estos al día día laboral, surte efecto su pequeña maldición: un poco de romanticismo fallece. Un medio de comunicación ha perdido parte de su esencia: el misterio de la radio ha muerto. Su aureola de magia está quedando oxidada. Cada vez más, es un presente no futuro, se emiten en directo vía vídeo múltiples programas de radio. Terminó el imaginarse cómo serán los rasgos de esa persona que nos habla a múltiples kilómetros de nuestro aparato receptor. Hay que entrar en el doble juego. Lenguaje radiofónico y televisivo van ahora juntos.

En el hipotético caso de que se imponga definitivamente esta pareja de imagen televisada y radio, el que prefiera la manera tradicional del medio ya no podrá disfrutar de la forma de comunicación elegida por él. Aunque siempre le quedarán los podcast de su programa favorito. Es como si hubieran puesto una enorme mirilla en la puerta donde se esconde el hombre más tímido del mundo.

Volviendo al terreno narrativo, si sólo se hace uso del lenguaje para el tradicionalismo, se da de lado a aquellos que han apostado por un nuevo formato para mantenerse informados. Sea el medio que sea. El profesional de la comunicación no puede permitirse semejantes lujos.

Pero junto a los avances y nuevas formas de mostrar la información siempre habrá una piedra en el camino del periodista. Por ejemplo, una ley o un mando militar o institucional que diga por donde no puede volar el dron. Mientras se adapta el periodista, se crean nuevas formas para impedir que pueda ejercer con la libertad que se presume en democracia. Como consecuencia, convierten al profesional de la información en un ingeniero. Obligado a buscar la manera de levantar el puente que trasporte la información sobre el rio de la incomunicación, que fluye por intereses políticos y económicos.

Carlos Serrano Martín

CAPÍTULO I

LA IMPOSICIÓN *TELEVISIVA* Y LA *OTRA* MIRADA

Msc. Fabricio Rosero Vaca
Msc. Paola Mantilla
Msc. Ana María Larrea
Universidad Técnica del Norte (Ibarra- Ecuador)

Resumen

La presente investigación analiza la situación de la televisión en el mundo y como este se consolidó en un poder que terminó bajo la manipulación de los grandes emporios. De igual forma se refiere sobre cómo esta realidad mundial también se repitió en el Ecuador lo que generó una grave crisis de confianza entre la ciudadanía sobre la objetividad informativa en los medios de comunicación televisivos.

También enfoca como esta crisis psoibilitó que los medios regionales y locales rompan con el bicentralismo informativo que marcó al país luego del año 2000 a pesar de las limitaciones logísticas, presupuestarias y ténicas en relación a los medios nacionales.

Para el efecto se analiza el caso de TVN canal, medio de comunicación televisio de la provincia de Imbabura en Ecuador.

Abstrac

This research analyzes the television service around the world and how it becomes a consolidated power manipulated by the huge emporiums. Likewise, it refers to the Ecuadorian situation and how it has generated a serious trust crisis among inhabitants; about the informative objectivity of television media.

In the same way, it focuses on how this crisis made possible that regional and local media break the informative bicentralism, marking the country since the year 2000; even though logistic, budgetary and technical limitations in relation to national media.

For the purpose, TVN channel situation is analyzed. It belongs to Imbabura, province of Ecuador.

Palabras Claves

Televisión, manipulación, regional, crisis, Ecuador

Introducción

La televisión, como medio de comunicación, consolidó una influencia gracias a su penetración social. Esta condición, según Cembranos (2004) fue aprovechada por los grandes poderes mediáticos del mundo para imponer, modificar o justificar hechos de enorme trascendencia global. Pero también ha servido para desvirtuar los intereses de unos e imponer los intereses de los otros. (Barbero, M. 1986)

Un ejemplo de esta exclusión se evidenció luego del asesinato de 144 estudiantes universitarios en Kenia el 2 de abril del año 2015. A pesar de que la matanza fue perpetrada por las mismas causas y el mismo grupo terrorista, no hubo ni la movilización ni la solidaridad, que en su momento generó el atentado al semanario Francés Charlie Hebdo perpetrado en enero del mismo año.

Esto se explica, según un artículo publicado en la edición digital de la Revista Semana (2015), porqué los medios de comunicación han cimentado, en la conciencia colectiva, que la violencia, la muerte, la pobreza, la incivilización son parte de la identidad de los países africanos y por ende es normal.

Esta situación también se repite en nuestro país. La televisión es el medio preferente de los ecuatorianos y por ende la referencia. El 94% cuenta con un televisor y destina 6, 1 horas para mirarlo según datos del Instituto Nacional de Estadísticas y Censo del Ecuador. Ante esto, por décadas, los medios nacionales impusieron realidades que se sujetaban a las circunstancias del poder bicentralizado entre Quito y Guayaquil excluyendo al resto del país (Jordán y Panchana, 2008). Sin embargo esta situación cambió a raíz de la crisis bancaria de final de siglo dejando un espacio para una comunicación alternativa que los otros medios empiezan a ocupar.

Martín Barbero (1986) señala que la televisión regional se encuentra en la posición de brindar los espacios que los medios públicos ni los comerciales lo logran hacer, es decir mostrar las otras realidades que no tiene espacio en los medios nacionales.

Y eso es precisamente los que los medios regionales han hecho desde 1999 cuando se dio el exponencial aparecimiento de los canales locales y regionales. (Jordan y Panchana, 2008)

En la actualidad los medios televisivos regionales y locales están desplazando en la preferencia a los medios de cobertura nacional.

En las últimas elecciones, por ejemplo, varias encuestas realizadas por partidos y movimientos políticos evidenciaron cómo los televidentes volcaron sus preferencias a los canales de su jurisdicción. En el caso de Imbabura, TVN canal, de cobertura regional, ocupa el segundo lugar de preferencia informativa y el primer lugar de audiencia de sus noticieros por franja horaria según una encuesta elaborada por le empresa BG Eventos.

(Cuadro 1)

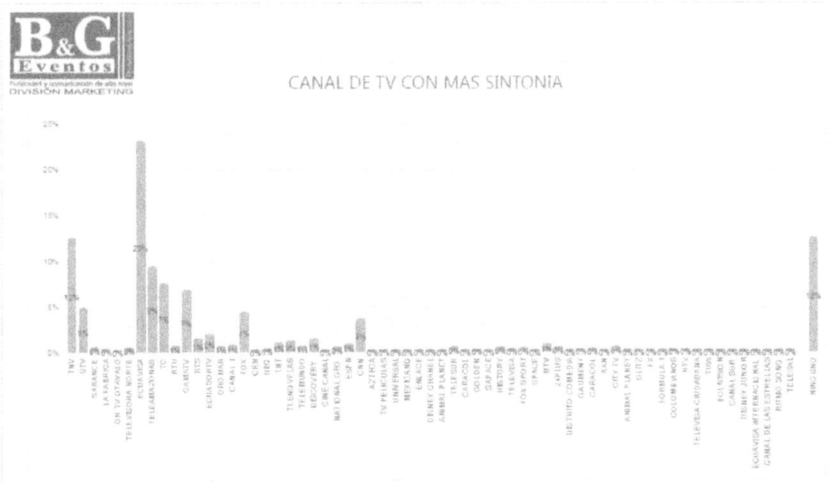

Esto a pesar de que la mayor limitación de los medios locales y regionales es la calidad de producción. (J, Narváez, comunicación personal, 12 de abril de 2015)

A pesar de ello, como Barbero (1986) pronosticaba, la ciudadanía prefiere los canales de televisión regionales por su identificación y el reconocimiento de su identidad y la cercanía social de sus instituciones y referencias culturales.

Su barrio, su institución, su cultura y la visualización en pantalla de sus problemas más cercanos, y el pronunciamiento o acciones de las autoridades para solucionar estos inconvenientes, genera esta preferencia, cada vez más creciente. (JC, Morales, comunicación personal, 11 de abril 2015)

Las periferias siempre han sido excluidas de los intereses, pero los medios locales y regionales están cambiando esta forma de ver el mundo, un mundo que les era lejano y que ahora lo perciben cada vez más cercano. (JC, Morales, comunicación personal, 11 de abril 2015)

Es tan importante este crecimiento e influencia, que el Gobierno Nacional reestructuró su estrategia comunicacional, no solo por el conflicto que el anterior presidente, Rafael Correa mantuvo con las grandes cadenas de televisión nacionales, (Jordan y Panchana, 2008), sino porque los medios de comunicación regional y local están cautivando las audiencias y las preferencias, luego del desencanto de los medios nacionales que posterior a las crisis de 1999 pasaron del segundo al octavo lugar dentro de la confianza ciudadana. (Jordán y Panchana, 2008)

Globalización, televisión e imposición

La televisión, como medio de comunicación, desde sus primeras emisiones en 1927 en Inglaterra con la BBC y en 1930 en estados Unidos con la NBC y CBS, despertó un enorme interés por los efectos sociales y de masas que esta generaba. (Historia de la Televisión. 2009)

Su influencia fue creciendo a medida de su expansión y desarrollo tecnológico. Las primeras trasmisiones vía satélite – la primera fue el 25 de junio de 1967- consolidaron varios fenómenos, entre ellos, el reducir las distancias geográficas y generar cercanías sociales. (Historia de la Televisión, 2009)

> "La televisión modifica la percepción psíquica del espacio alterando los criterios físicos en los que se basa la proximidad o lejanía de los lugares. Los lugares cuyas imágenes han sido posible ver en la pantalla se percibe psicológicamente más próximos, aunque estén mucho más distante en el plano geográfico". (Serrano, 1978, p.41)

Pero a la eliminación de distancias, el lenguaje audiovisual posibilitó otro tipo de fenómenos como el de masas. Los medios de comunicación, sobre todo la televisión, empezó a generar hábitos, gustos y sobre todo referencias en el ámbito social.

El control global a través de la televisión

Una de esas primeras visiones del manejo informativo como parte de un eje transversal en la occidentalización de las realidades, desde el punto de vista de un poder hegemónico, sin duda fue CNN. Cable Network News, nació en Atlanta en 1981. Inicialmente su objetivo, fue la de brindar noticias o información de relevancia a los norteamericanos que se encontraban en diferentes parte del mundo. (Albornoz, sf)

Sin embargo, según Meyssan (2005) la influencia de CNN se evidenció antes y durante la guerra del Golfo (1990) en donde el manejo informativo posibilitó que el mundo justificará la acción bélica, a pesar de los débiles e inexistentes justificativos – la presunción de la propiedad de armas biológicas por parte de Irak- y luego la sensación de victoria en una guerra que jamás tuvo resistencia militar y enviando un claro mensaje a los países del tercer mundo sobre quién tiene el poder y que pasa cuando se desconoce o subestima a ese poder.

Pero el fenómeno CNN solo es la consecuencia de la globalización. Una globalización que ahora incorpora nuevos elementos como la percepción de diversificar la identidad a través de la prestación de servicios informativos con consideraciones lingüísticas de cada región – CNN Chile, CNN México, CNN España y la emisión de noticias en árabe, etc. Todo esto bajo la aparente aceptación de una diversidad y su reconocimiento que cimenta al capitalismo y el neoliberalismo dentro de la configuración del manejo informativo. (Albornoz, sf)

> "La televisión global se configura como una movida estratégica de las grandes corporaciones, y en algunos casos, como una estrategia política de algunos gobiernos de países hegemónicos". (Albornoz, sf. p.4)

Y resulta tan estratégica esta movida, que naciones que buscan posicionarse como nuevos referentes de poder tienen como parte de su estrategia el dominio informativo. Tal es el caso de CCTV de China que también emite en diversos idiomas o la cadena catarí Al Jazeera, sin olvidar el esfuerzo latinoamericano de Telesur.

De todas maneras, este esfuerzo globalizador del manejo y la hegemonía de la emisión informativa provoca profundas contradicciones. La primera se refiera a los valores. Según Ruge y Galtun, estudiosos de las estructuras de las noticias internacionales, en la actualidad cadenas internacionales como CNN o la BBC de Londres, imponen valores noticiosos. (Barker, 1997)

Y lo más grave aun es que esta imposición de referencia de verdades y globalización de los intereses informativos, "son incompatibles con el pluralismo y, por tanto, pondrían en peligro la democracia, la diversidad cultural y la libre competencia" (Mora Figueroa, 2009: 306p.). Algo que sin duda no parece importar.

Televisión y desarrollo social

Desconocer la enorme influencia de la televisión en el desarrollo social es sin duda un sacrilegio. La discusión que aun se mantiene es si esta influencia ha sido positiva o negativa. Generalizar cualquiera de las dos visiones sería injusto. Es que si bien el poder, en todas sus formas utiliza o busca utilizar los medios de comunicación, sobre todo la televisión, para imponer sus visiones y posiciones, también ha sido el medio para aportar al desarrollo y visualización de la cultura e identidad.

Varios son los ámbitos de aporte de este medio de comunicación. Francisco Sierra Caballero (2003) asegura que:

> "En América Latina, particularmente, la producción social del imaginario por la industria televisiva convierte este medio en un referente obligado para la comprensión de las formas colectivas de identidad, así como de las lógicas de acomodamiento de los imperativos de la globalización en las transformaciones y cambios de largo alcance que las culturas nacionales proyectan ante la compleja trama de la comunicación-mundo". Sierra, F.(junio 2003).

Estas realidades han permitido el desarrollo de programas de integración, de revitalización cultural y de opinión.

En los años 50 y 60, el concepto de desarrollo estaba ligado a la visión progresista de los Estados Unidos y sus medios de comunicación mostraban esa realidad como el concepto tangible de desarrollo. Sin embargo, desde el impulso de la epistemología del sur a inicios de los 70´s, el concepto evoluciona hacia lo social. Lamentablemente este proceso encuentra sus primeras limitantes en los intereses corporativos de los medios de comunicación privados tal como lo describe (Mora, 2017) "La historia política de América Latina es la historia de la usurpación del poder por pequeñas elites que, aunque reivindican las ideas constitucionalistas y democráticas, hacen escarnio tanto de las constituciones como de la soberanía popular que invocan"

Adalida Contreras lo conceptualiza como difunsionismo (Contreras, 2003). Es decir una realidad cultural termina expandiéndose a otros lugares, proceso que la televisión impuso de manera metódica desde la referencia del norte.

Pero este proceso advierte otras realidades como por ejemplo los intercambios desiguales de los flujos informativos. En los 70´s no existían agencias o medios regionales informativos, por lo que se consumía lo que se imponía de afuera, las realidades de los otros.

Pero al convertirse la comunicación en un eje transversal, resulta que este consumo informativo de lo de afuera influye en los momentos democráticos al punto de que los procesos políticos pasan de las decisiones populares a las imposiciones de las embajadas norteamericanas. (Contreras, 2003)

Ante esto, en los 80´s, surge la necesidad de impulsar un nuevo orden informativo y de comunicación y la UNESCO elabora lo que se conoció como el informe MacBride elaborado precisamente por el premio Nobel de la Paz, Sea MacBride. Dicho informe contemplaba una serie de cambios para equilibrar el torrente informativo y sus jerarquías entre países desarrollados y subdesarrollados.

Lamentablemente la iniciativa sustentada en un profundo análisis sobre el deterioro social, que la imposición informativa del norte y las consecuentes afectaciones a la pérdida de la identidad social y cultural provocada en los países subdesarrollados, jamás pudo despegar debido a oposición de los ya consolidados sistemas multinacionales de la información.

Ignacio Ramonet (1996) señalaba:

> "La batalla se perdió. La UNESCO abandonó este debate y dio por buena la idea de que los flujos transfronterizos de información eran una necesidad que venía impuesta por el mercado internacional y por la propia realidad mundial. En definitiva, se admitió que podía aceptarse una especie de «darwinismo» en el campo de la comunicación. Vencían aquellos que habían logrado constituir grupos emisores dominantes: ellos habían conquistado el derecho a emitir y, por tanto, había que aceptar esa realidad como ley de vida. El NOMIC desapareció de las reflexiones; y nadie volvió a hablar durante la década de los ochenta del problema del desequilibrio Norte-Sur". (Ramonet, 1996. P.22)

La televisión en el Ecuador

En las primeras líneas de esta tesis, se analizó cómo los intereses de los poderes hegemónicos se canalizaron preferentemente a través de las grandes cadenas de televisión. Lo paradójico del caso es que, a pesar de las críticas desde el equilibrio mundial de estas prácticas, las mismas fueron replicadas en los ámbitos locales.

En el Ecuador, los medios de comunicación nacieron privados. Es decir, desde la prensa, hasta la televisión, surgieron de influyentes familias y grupos de poder económico los que acapararon los medios de difusión para convertir a la comunicación en mercancía y la información como fuente de manipulación a favor de intereses de pequeños grupos de poder. (Eguiguren, M. 2005)

Pero primero un poco de historia. La televisión en el Ecuador nace en el año de 1959 como una iniciativa privada. Telecuatro se convierte en la primera cadena televisiva, hoy conocida como RTS. Antes, en Quito en 1958 HCJB inicia sus primeras emisiones de trasmisión con una visión netamente religiosa. Sin embargo la primera concesión televisiva se oficializó 1 de junio de 1960 y las primeras emisiones de un medio concesionado se dieron el 12 de diciembre del mismo año. Luego, en los 70´s, inició en boom de la televisión. En 1974 Teleamazonas, de propiedad del empresario Antonio Granda Centeno, emite la primera trasmisión a color en el país. Posteriormente otras cadenas como Ecuavisa de propiedad de la familia Alvarado Roca se posicionan como referentes televisivos del Ecuador. (Egas, 1996)

No fue hasta 1998 que el país contó con el primer canal público de alcance nacional denominado, Ecuador TV. (Jordán y Panchana. 2008)

Esto como parte de la visión gubernamental entorno a generar un equilibrio informativo, que a criterio de Carol Murillo, ex subdirectora del medio público impreso el Telégrafo, citada por (Ordoñez 2011) desmontó la visión de que los medios privados eran lo únicos capaces de proponer los temas de debate basado en sus propios intereses y agendas.

Sin embargo, al pasar de los años, la labor de los medios públicos, creados en unos casos y potenciados en otros, durante el gobierno del Presidente Rafael Correa, también generó varios cuestionamientos entorno a su orientación.

César Ricaurte, representante de Fundamedios, organización dedicada al monitoreo de los medios de comunicación y la libertad de prensa en el Ecuador, asegura que "los medios públicos se han convertido en oficiales y gubernamentales" (El Mercurio 2013) esto por su posición entorno a tratar preferentemente temas que destacan los aciertos de la gestión gubernamental y reduciendo la participación de los sectores de oposición al régimen del presidente Correa.

A pesar de aquello en el Ecuador existen 577 concesiones de canales y repetidoras en señal abierta, de las cuales 362 son privadas, 210 son públicas y 5 son comunitarias.

Cuadro No. 2

PROVINCIA	Comercial Privada		Servicio Público		Servicio Público Comunitario		Total por Provincia
	TV Abierta Analógica	TDT	TV Abierta Analógica	TDT	TV Abierta Analógica	TDT	
Azuay	22	1	9	1	-	-	33
Bolívar	6	-	7	-	-	-	13
Cañar	11	-	7	-	-	-	18
Carchi	13	-	12	-	-	-	25
Chimborazo	17	-	9	-	-	-	26
Cotopaxi	8	1	5	1	-	-	15
El Oro	16	-	4	-	-	-	20
Esmeraldas	15	1	22	-	-	-	38
Galápagos	15	-	8	-	-	-	23
Guayas	22	8	8	1	1	-	40
Imbabura	12	-	7	1	-	-	20
Loja	20	-	9	-	-	-	29
Los Rios	16	-	9	-	-	-	25
Manabí	22	2	22	-	-	-	46
Morona Santiago	14	-	7	-	-	-	21
Napo	12	-	7	-	-	-	19
Orellana	-	-	7	-	-	-	7
Pastaza	9	-	4	-	-	-	13
Pichincha	25	9	7	1	1	-	43
Santa Elena	13	-	8	-	-	-	21
Santo Domingo de los Tsáchilas	12	2	4	-	-	-	18
Sucumbios	5	-	13	-	-	-	18
Tungurahua	16	1	5	-	1	-	23
Zamora Chinchipe	16	-	5	-	2	-	23
Total General	337	25	205	5	5	0	577

Fuente: Agencia de Regulación y Control de las
Telecomunicaciones en Ecuador / abril 2017

El bicentralismo informativo

El Ecuador, desde su época colonial, ha vivido en medio de una polarización social. Quito y Guayaquil fueron siempre los polos que marcaron el ritmo del país. Jordán y Panchana (2008) conceptualizaron esta realidad

> "En Ecuador existe una marcada división regional, que influye en los más importantes ámbitos de la vida del país. Esta realidad nace en la época de la Colonia española y tiene su origen en la consolidación de 2 polos de desarrollo en un mismo país: las fuerzas productivas de la costa y las de la sierra". (Jordan y Panchana, 2008. p. 12)

Los intereses informativos y comerciales se centraban en Quito y Guayaquil. Si bien, la mayoría de canales cubrían gran parte del territorio, pocas veces, salvo eventos catastróficos, se mostraba lo que sucedía en otras ciudades. Inclusive existían poblaciones, como las amazónicas, que no recibían ninguna señal de canal nacional consumiendo contenidos y realidades que las cadenas colombianas o peruanas ofrecían a lo largo de la zona de frontera.

La televisión bancaria y la crisis del nuevo milenio

En el año 2000 el Ecuador sufrió una de las crisis económicas, sociales y políticas, más grandes de su historia. Bancos como Filanbanco, Progreso, entre otros quebraron dejando a más de 1,800.000 ecuatorianos en bacarrota y con sus depósitos congelados. Esto, según Jordán y Panchana (2008) generó entre los ecuatorianos un sentido de desconfianza en la institucionalidad de este país.

Y no era para menos, explican Jordan y Panchana (2008) los hermanos Isaías dueños Filanbanco, uno de las entidades bancarias más grandes del país y que quebró en la crisis del año 2000, utilizó sus más de 12 medios de comunicación, entre ellos canales de televisión, para silenciar la quiebra del sistema bancario. Pero el manejo informativo a favor de los intereses económicos de los banqueros llegó a su mayor degradación cuando, utilizando medios de comunicación, Teleamazonas de propiedad de Fidel Egas, dueño del Banco del Pichincha y Gamavisión y TC Televisión de la familia Isaías, mantuvieron una guerra mediática de desprestigio sin precedentes.

Banco	Medios	Nueva propiedad / Otras situaciones
Filanbanco (Grupo Isaías)	El Telégrafo (d)	Estado
Filanbanco (Grupo Isaías)	La Razón (d)	Cesa el periódico
Filanbanco (Grupo Isaías)	GamaTV	Estado (Agencia de Garantía de Depósitos)
Filanbanco (Grupo Isaías)	Cablevisión	Estado (Agencia de Garantía de Depósitos)
Filanbanco (Grupo Isaías)	TC Televisión	Estado (Agencia de Garantía de Depósitos)
Filanbanco (Grupo Isaías)	La Prensa, El Telégrafo, Carrousel, Super K–800 (e)	Estado (Agencia de Garantía de Depósitos)
Filanbanco (Grupo Isaías)	La Onda, El Agro (e)	Estado (Agencia de Garantía de Depósitos)
Banco Amazonas	Edimpress (planta impresora)	El banco se desprende de sus acciones
Bancomer (Grupo Cevallos–Balda)	El Metropolitano (d)	Cesa el periódico
Banco del Pichincha (Grupo Egas)	Teleamazonas	Empleados afines / Plural TV (Perú)
Banco del Pichincha (Grupo Egas)	Mundo Diners, Gestión, Fucsia, Soho (r)	Empleados afines
Banco del Austro (Grupo Eljuri	Telerama	Venta a afines
Banco Guayaquil	Centro de radio y televisión Cratel	El banco se desprende de sus acciones

Fuente: (Godoy 2012)

Por eso, la Constitución del año 2008 integró en sus acápites, la prohibición de que funcionarios del sector financiero sean propietarios de medios de comunicación. Situación que posibilitó al Estado administrar canales de televisión, periódicos y radios, incautados a los banqueros Fernando Aspiazu y los hermanos Isaías, y la venta de Teleamazonas por parte de Fidel Egas. Esta prohibición entró en vigencia en el año 2010. (La Hora, 2010)

Pero la crisis del 2000 significó un punto de quiebre para los medios de comunicación de alcance nacional.

Hasta antes de la crisis, los medios de comunicación ocupaban el tercer lugar dentro de las instituciones de mayor credibilidad, sin embargo, luego de la crisis bancaria cayeron al séptimo y octavo lugar. (Jordán y Panchana, 2008)

Situación que hasta el momento no logran revertir. Según una encuesta realizada por la Empresa Perfiles de Opinión y publicada por la Secretaría Nacional de Comunicación del Ecuador (2015), en la capital, Quito, solo el 29,8% dc la población crcc cn la información emitida por los medios de comunicación mientras que en la segunda ciudad más importante, Guayaquil, el porcentaje se ubica en el 32,9%. (Secom 2015)

De igual forma la misma encuesta estableció que los medios de comunicación se ubicaron en el séptimo lugar dentro de la credibilidad de los ecuatorianos.

La televisión pública y el equilibrio del poder

En el Ecuador, la televisión siempre tuvo el carácter de privada y comercial. Y si bien en la constitución se garantizó la propiedad pública, y por ende bajo administración estatal, de las frecuencias, nunca el Estado estableció una política de comunicación que desemboque en medios de servicio público.

Esta situación cambió abruptamente antes de la constitución del año 2008. Ecuador TV se convirtió, a partir del 26 de octubre del año 2007, en el primer canal público del Ecuador. (Hervas, V. 2014)

La apertura de este medio de comunicación formó parte de la estrategia gubernamental para democratizar el manejo informativo. Para el efecto Jordán y Panchana (2008) aseguran que el gobierno invirtió más de 10 millones de dólares en el fortalecimiento de los medios públicos existentes (3 radios) y la creación de un canal de televisión. A eso se sumó la administración de más de 12 medios incautados a la banca quebrada que hasta el momento se mantienen bajo administración estatal.

Esto generó un nuevo contrapeso, el de los medios privados no afines al Gobierno, Ecuavisa, Teleamazonas y el de los medios incautados, GamaTV y TC Televisión a lo que se suma el canal público Ecuador TV con una clara línea oficialista como los sugieren Jordán y Panchana (2008)

Este contrapeso provocó una nueva disputa, ahora generada por la aprobación de la Ley Orgánica de Comunicación en el año 2013 entre los medios públicos y privados.

> "Una de ellas es la tan visible disputa entre los medios públicos y privados, quienes a través de sus contenidos buscan consolidar una "verdad". Por un lado, los medios públicos, que juegan un rol más estatal, buscan legitimar la agenda presidencial desde sus notas periodísticas, respaldados del discurso presidencial. Del otro lado, el periodismo privado deslegitima no solo la gestión del gobierno, sino también el periodismo público, al considerarlo como parte del aparataje mediático estatal y al servicio de la publicidad gubernamental" (Albán, 2016)

Medios regionales y la otra mirada

Si bien los 70´ marcaron el inicio de la televisión ecuatoriana, fue esa misma época el inicio de 'la otra televisión'. Telecosta en 1972, Telecuenca en 1975, Manavisión, (TVN Canal 9, s.f) entre otras, fueron los primeros medios de comunicación regional que surgieron en el país. Hasta 1996, existían en el Ecuador 15 canales de cobertura regional (TVN Canal9, s.f). Sin embargo es en esa época donde se registra el boom de la televisión local y regional. En el año 2008, existían 42 medios regionales (Jordán y Panchana, 2008) hasta llegar hasta a 73 hasta la fecha según el Ministerio de Telecomunicaciones del Ecuador.

Inclusive en el año 2008, los medios regionales y locales conforman la primera agremiación denominada Canales Locales y Regionales, Ecuatorianos Agremiados, CCREA.

El objetivo de la agremiación es la de generar nuevas relaciones políticas comunicacionales ante la exclusión, que aseguran vivieron, por parte de la Asociación de Canales de Televisión del Ecuador exclusivamente conformada por la mayoría de medios televisivos nacionales. Así lo ratificó el primer presidente de la agremiación, Fernando Najas, durante la reunión que mantuvieron en el año 2008 con el presidente Rafael Correa. "Agradecemos al Presidente de la República porque ya no somos fantasmas, al menos para Carondelet". (Ecuadorinmediato, 2008)

Esta situación, sumada a la confrontación que desde el 2008 el Presidente Correa mantuvo con los medios de comunicación nacional, cambió la situación de los medios regionales y locales, sustentada en la creciente influencia de estos medios, sobre todo televisivos en sus respectivas jurisdicciones. Es así que Gabriela Rivadeneira, actual Presidenta de la Asamblea Nacional, afirmaba durante su paso por la Gobernación de Imbabura en el 2012. "Los medios de comunicación regionales demuestran más independencia en relación a los medios nacionales". (ENTV, 2012)

Pero este crecimiento e influencia se da en un escenario desigual. Los medios televisivos de alcance nacional aun son los receptores del mayor porcentaje de la pauta televisiva. En el 2011, Ecuavisa registró ingresos por publicidad cercano a los 40 millones de dólares (Ministerio de Telecomunicaciones, 2013). A pesar de que no existe una estadística consolidad, Jordan y Panchan (2008) afirman que el presupuesto anual de un canal de televisión regional fluctúa entre los 200 mil y 500 mil dólares, cifras dimensionalmente distintas a las que maneja la televisión nacional.

Pero a pesar de las enormes diferencias económicas, es innegable la creciente influencia de los medios regionales y locales y el desplazamiento entorno a las preferencias de la población. A pesar de que en el Ecuador no existe mediciones de rating, un ejemplo es el trabajo estadístico elaborada en el año 2014 para los candidatos del partido político Avanza en Imbabura.

Según David Torres, asesor del Prefecto de Imbabura, Pablo Jurado, dicho estudio arrojó que TVN Canal se ubicaba en el tercer lugar de preferencia entre los medios de comunicación televisivos por debajo de Ecuavisa y Teleamazonas y muy por encima de TC, Gama TV, RTS, Ecuador TV, etc. Pero además, el estudio señalaba que el noticiero del canal regional, era el más visto en la provincia. (D. Torres, comunicación personal, 11 de abril de 2015)

Esta información corroborada por los candidatos políticos de otras tendencias políticas, ratifica una realidad que todavía no cuenta con evidencias técnicas pero ya referenciales.

Para el 2017, la situación mejoró, toda vez que el canal pasó del tercer lugar al segundo de acuerdo a un sondeo realizado por le empresa ByG eventos a inicios del año 2017. (Ver cuadro 1)

La revolución de las periferias

A pesar de que hasta la fecha no existen estudios sobre la influencia de los medios locales y regionales y el desplazamiento de los medios de comunicación nacionales, dentro de esa preferencia, algunos periodistas e historiadores consideran que este fenómeno es real y está ligado a la exclusión que por décadas vivieron las ciudades y provincias que no interesaban al poder mediático.

El historiador, escritor y periodista, Juan Carlos Morales Mejía (2015) afirma:

> "Los llamados medios nacionales, para el caso de Ecuador que únicamente informan sobre Quito y Guayaquil, son las expresiones de una centralidad excluyente. De hecho, la información de las provincias, de esa periferia, solo está disponible en caso de deslaves o eventos dramáticos. Es como si el otro país no existiera" (J.C. Morales, comunicación personal, 12 de abril de 2015)

Esta afirmación es corroborada por el periodista y productor de televisión del canal Universitario UTV, Pablo Muñoz (2015) quién asegura:

> Es posible que la audiencia sienta necesidad por conocer los hechos y acontecimientos que ocurren en su entorno porque de alguna manera expresan su realidad, una realidad que no es tomada en cuenta por los medios de comunicación nacionales salvo en circunstancias que ellos consideren de relevancia para sus intereses políticos y económicos. (P. Muñoz, comunicación personal, 11 de abril de 2015)

Pero el fenómeno es aun más profundo, Jorge Luis Narváez (2015), escritor, cineasta y periodista, considera que esta preferencia inclusive es condescendiente a temas como calidad de producción y limitación en la propuesta de contenidos. "La tv ciudadana casi siempre recibe mayor atención cuando la necesidad informativa es satisfecha aunque la programación sea mal hecha y con contenidos mediocres, pero lo que importa es que se hable de ellos", (J. Narváez, comunicación personal 1, de abril de 2015)

Es que el mayor capital de los medios regionales, al parecer es la cercanía. "El "sabor local", por así decirlo, adquiere una importancia capital y, al legitimar por medio de la imagen, construye un imaginario de pertenencia". (Morales, 2015)

Otro factor a considerar sería el tema cultural. "Los espacios culturales, que no tiene nada ver que ver con el espectáculo, sino con una necesidad de reconocimiento identitario, la audiencia valora más lo propio porque se ve reflejado en las diferentes expresiones de la cultura local". (Muñoz, 2015).

Para el educador Ángel Castillo, esta cercanía, no solo en los contenidos sino también en los referentes, resulta fundamental. "La gente que trabaja en los medios es nuestra gente".

> "El otro rubro pendiente es una mirada contemporánea, con las antenas puestas en el mundo. Como nos recuerda el Premio Nobel de Literatura, J. M. Coetzze, en Escenas de una vida en provincias, lo importante son los referentes. León Tolstoi lo decía: Para hablar bien del Universo solo precisas hablar bien de tu propia aldea". (J.C Morales, 2015)

Martín Barbero (1986) en su artículo, Televisión, cultura y región, señala que son los medios regionales los encargados de formular otras visiones diferentes a las impuestas por el Estado y lo comercial, esas que vienen desde la sociedad civil compuestas por organizaciones sociales, comunitarias, etc.

Inclusiva Barbero (1986) va más allá y considera que la televisión regional debe —como una utopía- reconstruir y la memoria histórica desde la visualización cultural para recuperar la identidad y por ende la cohesión social que la hegemonización de los medios nacionales y transnacionales nos quieren imponer.

Conclusiones

Los medios televisivos en el Ecuador han mantenido la misma dinámica que los medios de comunicación internacionales, la exclusión por los intereses.

Por décadas los medios televisivos no asumieron su condición de nacionales. Los intereses políticos y económicos de poder entre Quito y Guayaquil impusieron las dinámicas informativas al resto del país.

Las provincias quedaron superditadas a la espectacularidad de los hechos violentos excluyendo sus intereses y necesidades y sin la posibilidad de referenciarse dentro de sus expectativas, anhelos y realidades.

La crisis bancaria de 1999 evidenció esa imposición generando el deterioro moral de los medios de comunicación nacional lo que llevó a un punto de quiebre que impulsó a los medios regionales.

Los medios de comunicación regionales superaron las limitaciones para posicionarse en la población gracias a la posibilidad de evidenciar el entorno más cercano, desde la visualización de sus realidades y problemas, independientemente de la calidad y dificultades tecnológicas.

La ciudadanía de las provincias y localidades accedieron a otras opciones de evidencia de su realidad que la televisión nacional simplemente desechó.

Tal vez este fenómeno aun no se lo concibe en su real magnitud, al rating y la publicidad sigue asumiendo que los medios de comunicación garantizan el éxito de sus estrategia, pero es evidente que esta relación de fuerzas está cambiando, de manera silenciosa, pero efectiva.

Bibliografía

- ORDOÑEZ, ROMINA, 2011, *Nacimiento de los medios públicos en el Ecuador. La (re)construcción de lo público*. Maestría. Universidad Andina Simón Bolívar, Sede Ecuador.

- CEMBRANOS, FERNANDO, 2004, *Televisión, interacciones sociales y poder. El ecologista (No.39)*. Recuperado desde http://www.ecologistasalcalah.org/docs/curso/Television.pdf

- Por qué hubo indignación por Charlie Hebdo y no por Kenia?. (2015, 16 de abril), [en línea]. Bogotá, Revista Semana.com. Recuperado desde: http://www.semana.com/mundo/articulo/por-que-hubo-indignacion-por-charlie-hebdo-no-por-kenia/423186-3

- [productionscerise]. (2009, Octubre 4). Historia de la Televisión [Archivo de video]. Recuperado de: https://www.youtube.com/watch?v=zwceieLHQso

- SERRANO, MARTON, 1977, *La mediación social* [online]. 1. [Accessed 24 June 2017]. Available from: http://file:///C:/Users/USER/Downloads/Dialnet-LaInfluenciaSocialDeLaTelevision-273123.pdf

- PELAHERRERA, BLASCO, 2002, *Reseña de "La Tiranía de la Comunicación" de Ignacio Romanet*. Efectos de la televisión en la gobernabilidad. Quito: CIESPAL.

- MEYSSAN, THIERRY, 2015, *El Efecto CNN La Desinformación-Espectáculo*. Recuperado el 03 de mayo de 2015. http://www.ecoportal.net/Temas_Especiales/Politica/El_Efecto_CNN_La_Desinformacion-Espectaculo

- ALBORNOZ, CAROLINA, (s.f.), *La Televisión global de noticias y su repercusión en los países del Tercer Mundo* presentada en el X Congreso de ALAIC: sf. Argentina: Universidad Mayor de San Marcos, pp. 1-10. Recuperado el 9 de abril de 2015 de http://www.rehime.com.ar/escritos/ponencias/X%20Congreso%20de%20ALAIC%20-%20Ponencia%20Albornoz.pdf

- EGUIGUREN, MARIA, 2005, *Estudio Cuantitativo y Cualitativo del Comportamiento de la Audiencia ante la Publicidad (Estudio del Zapping)*. LICENCIATURA. Universidad Tecnológica Equinoccial, Quito.

- ORDOÑEZ, ROMINA, 2011, *Nacimiento de los medios públicos en el Ecuador. La (re)construcción de lo público*. Maestría. Universidad Andina Simón Bolívar, Sede Ecuador.

- EL MERCURIO, 2013, Medios públicos e incautados, dudas sobre su independencia. [online]. 2013. [Accessed 24 June 2017]. Available from: http://www.elmercurio.com.ec/363876-medios-publicos-e-incautados-dudas-sobre-su-independencia/

- Cuadro 2: CHECA, ANTONIO, 2012, *Los bancos ecuatorianos y los medios (1999–2011)* [online]. [image]. 2012. [Accessed 24 June 2017]. Available from: https://idus.us.es/xmlui/bitstream/handle/11441/30787/Pages%20from%20cac56-4.pdf;sequence=1

- ALBÁN, EDUARDO, 2016, La disputa periodística en Ecuador | Bastion Digital Argentina. *Ar.bastiondigital.com* [online]. 2016. [Accessed 24 June 2017]. Available from: http://ar.bastiondigital.com/observatorio-de-redes/la-disputa-periodistica-en-ecuador

- FREIRE, ROBERTO and HERVÁS, VANESSA, 2014, *Aplicación de la guía editorial de Ecuador TV respecto de su responsabilidad pública frente a los derechos de los niños, niñas y adolescentes en los reportajes periodísticos que fueron transmitidos en el noticiero de las 21h50 entre enero y junio de 2012.*. Licenciatura. Universidad Central del Ecuador.

- BRKER, CHRIS, 1997, *Global Television. An Introduction. Blackwell Publishers*, Oxford. Recuperado el 9 de abril de 2015 de http://www.rehime.com.ar/escritos/ponencias/X%20Congreso%20de%20ALAIC%20-%20Ponencia%20Albornoz.pdf

- MORA-FIGUEROA MONFORT, BORJA, 2009, *El mercado global de la comunicacio ́n*. Pamplona : Eunsa.

- SIERRA, FRANCISCO, 2003, Un medio trascendental para la región. Televisión y desarrollo cultural en América Latina. *Telos: cuadernos de comunicación e innovación* [online]. 2003. No. 3, p. 6. [Accessed 24 June 2017]. Available from: http://hdl.handle.net/11441/25064

- CONTRERAS, ADALID, 2017, Televisión, democracia y desarrollo social. In : *Evolución y retos de la televisión* [online]. 1. QUITO : EdgarP.JaramilloSalas. p. 307. [Accessed 24 June 2017]. Available from: http://www.flacsoandes.edu.ec/libros/digital/49183.pdf

- RAMONET, IGNACIO, 2003, *La tirani´a de la comunicacio´n*. Barcelona : Debate.

- EGAS, 1996, *La televisión en Ecuador*. Recuperado 12 de abril de 2015 de: http://www.tvyvideo.com/

- EL UNIVERSO, 2014, Cordicom depuró lista y registró a 61 medios como nacionales. [online]. 2014. [Accessed 24 June 2017]. Available from: http://www.eluniverso.com/noticias/2014/10/08/nota/4081366/cordicom-depuro-lista-registro-61-medios-como-nacionales

- PANCHANA, ALEN and JORDÁN, RODRIGO, 2008, *LOS MEDIOS DE COMUNICACIÓN EN EL ECUADOR* [online]. 1. QUITO. [Accessed 24 June 2017]. Available from: https://rodrigojordan.files.wordpress.com/2010/05/los-mcs-en-ecuador.pdf

- LA HORA, 2010, Junta Bancaria prohíbe a banqueros participar en medios de comunicación. [online]. 2010. [Accessed 24 June 2017]. Available from: http://www.lahora.com.ec/index.php/noticias/show/1101033642/-1/Junta_Bancaria_Ecuador_proh%C3%ADbe_a_banqueros_participar_en_medios_comunicaci%C3%B3n.html#.VSs9wPD66vI

- TVN CANAL, 2014. En Wikipedia, la enciclopedia libre. Recuperado el 11 de abril de 2015ª las 23:00 de http://es.wikipedia.org/wiki/TVN_Canal_9.

- Ecuador: Canales de TV Comunitarios y Regionales reciben respaldo del Gobierno, 2008. *Ecuadorinmediato.com* [online],

- Gobernadora resaltó rol de la prensa regional independiente, 2011. *Entv.ec* [online],

- *PROYECTO DE IMPLEMENTACIÓN DE LA TELEVISIÓN DIGITAL TERRESTRE EN EL ECUADOR HACIA EL APAGÓN ANALÓGICO*, 2012. [online], QUITO.

- BARBERO, MARTIN, 1986, Televisión, cultura y región. In : *foro Cómo piensa la universidad la televisión regional* [online]. CALI : UNIVERSIDAD DE CALI. 1986. [Accessed 24 June 2017]. Available from: http://www.quadernsdigitals.net/datos_web/hemeroteca/r_32/nr_344/a_4437/4437.html

- SIERRA, FRANCISCO, 2003, Un medio trascendental para la región. Televisión y desarrollo cultural en América Latina. *TELOS* [online]. 2003. No. 55. Available from: https://telos.fundaciontelefonica.com/telos/articulobalance.asp@idarticulo=1&rev=55.htm

O QUE ESPERAR DO USO DA NARRATIVA TRANSMÍDIA: UM ESTUDO DA TRAGÉDIA NO VOO DA CHAPECOENSE NO JORNAL NACIONAL

Rogério Eduardo Rodrigues Bazi
Faculdade de Jornalismo da PUC-Campinas

Giulia Marcuccio Bucheroni
Acadêmica da Faculdade de Jornalismo da PUC-Campinas

Resumo

Observa-se principalmente na última década um avanço exponencial do uso das tecnologias no ambiente diário do jornalismo e, por consequência, a utilização da materialidade da convergência midiática entre os meios. Tal prática comunicativa admite a coexistência de múltiplos sistemas de mídia, onde o conteúdo é transmitido fluidamente, seja por meio de passagens convergentes multimidiáticas ou transmidiáticas. Logo, estudos são necessários para entender as formas, os modos e as aplicações possíveis dessas passagens para o jornalismo e audiência. Assim, pretende-se com o artigo apresentar e entender se o Jornal Nacional, noticiário de maior audiência no Brasil, exibido pela Rede Globo, utiliza e aplica o conceito de narrativas transmídias, durante a cobertura do trágico acidente na Colômbia que comoveu o mundo, no dia 28 de novembro de 2016 (hora local), com o time de futebol da Chapecoense, quando a agremiação esportiva se dirigia para a disputa final de uma competição internacional. A pesquisa utilizar-se-á da análise descritiva das reportagens do noticiário, da revisão bibliográfica e da observação direta do escopo do trabalho, a fim de compreender a dinâmica que fora estabelecida pelo Jornal Nacional. Pretende-se fornecer um olhar crítico para a pesquisa, identificando as possíveis variáveis no significado das narrativas durante a realização da cobertura jornalística.

Palavras-chave: Narrativas transmídias, Convergência, Jornalismo, Jornal Nacional, Rede Globo, Chapecoense.

Abstract: What to expect from the use of the transmedia stotytelling: a study of the tragedy on the Chapecoense flight in the Jornal Nacional

In the last decade, we observe an exponential advance in the use of technologies in the daily environment of journalism and, consequently, the use of the materiality of media convergence between media. Such communicative practice admits the coexistence of multiple media systems, where content is transmitted smoothly, whether through convergent multi-media or transmissive passages. Therefore, studies are needed to understand the possible forms, modes and applications of these passages for journalism and audience. Thus, it is intended with the article to present and understand if the Jornal Nacional, the newscast with the largest audience in Brazil, shown by Rede Globo, uses and applies the concept of transmedia storytelling, during the cover of the tragic accident in Colombia that moved the world, on november 28, 2016 (local time), with the Chapecoense soccer team, when the sports association was headed for the final contest of an international competition. The research will use the descriptive analysis of the news reports, the bibliographic review and the direct observation of the scope of the work, in order to understand the dynamics that had been established by Jornal Nacional. The aim is to provide a critical look at the research, identifying the possible variables in the meaning of the narratives during the coverage of journalism.

Keywords: Transmedia Storytelling, Convergence, Journalism, Jornal Nacional, Rede Globo, Chapecoense.

1. Introdução

O dia 28 de novembro de 2016 não apenas marcou o esporte, mas comoveu o mundo quando as primeiras notícias da queda do voo do time de futebol da Chapecoense, agremiação esportiva localizada na cidade de Chapecó, estado de Santa Catarina, Brasil, caiu perto do aeroporto Internacional José Maria Córdova, na cidade de Rio Negro, Colômbia. O acidente vitimou 71 pessoas entre jogadores da equipe da Chapecoense, comissão técnica, dirigentes, jornalistas e tripulação. Apenas seis pessoas sobreviveram. A equipe brasileira iria disputar a primeira partida de uma competição internacional em sua história.

Isto posto, a intenção do artigo é apresentar e entender se o Jornal Nacional, noticiário de maior audiência no Brasil, exibido pela Rede Globo de Televisão, utilizou e aplicou o conceito de narrativas transmídias durante a cobertura do trágico acidente na Colômbia. Justifica-se o desejo da investigação por observar principalmente na última década o avanço exponencial do uso das tecnologias no ambiente diário do jornalismo e, por consequência, a utilização da materialidade da convergência midiática entre os meios. Tal prática comunicativa admite a coexistência de múltiplos sistemas de mídia, onde o conteúdo é transmitido fluidamente, seja por meio de passagens convergentes multimidiáticas ou transmidiáticas. Logo, estudos são necessários para entender as formas, os modos e as aplicações possíveis dessas passagens para o jornalismo e audiência.

A pesquisa baseou-se na análise descritiva das reportagens do noticiário, da revisão bibliográfica e da observação direta do escopo do trabalho, a fim de compreender se a dinâmica da narrativa transmídia fora estabelecida pelo

Jornal Nacional, no dia 29 de novembro, uma vez que o noticiário é apresentado às 20h30, horário local de Brasília, Brasil. O voo caiu às 22h15, dia 28, horário local da Colômbia, 1h15 da madrugada no Brasil. Os dados foram analisados seguindo os critérios de Jenkins (2011), ou seja, uma estrutura de conteúdo noticiosa transmídiatica atende pelo menos a um dos requisitos: a) mapeia o mundo; b) oferece pano de fundo para outras produções; c) oferece a perspectiva de outros personagens e d) aprofunda o engajamento da audiência.

O trabalho também instiga fornecer aspectos críticos para o tema das narrativas transmídias e a utilização no jornalismo, identificando as possíveis variáveis no significado delas durante a realização da cobertura jornalística.

2. Breve contextualização sobre as narrativas transmídias

O pesquisador norte-americano Henry Jenkins foi o grande responsável por nomear e explicar o que seria o termo transmedia *storytelling* (2003), ou seja, o ato de contar histórias através de várias mídias. O termo ocupou espaços na mídia e no Brasil tornou-se conhecido como narrativa transmídia (NT). Disposto a entender a saga do filme *Matrix*[1], uma vez que o filme se expande além das telas, Jenkins (2009, p. 138) explica que "uma história transmidiática se desenrola através de múltiplos suportes midiáticos, com cada novo texto contribuindo de maneira distinta e valiosa para o todo".

Não obstante, Scolari (2009, p. 587)[2] amplia o sentido do termo e cita que a NT é uma "structure that expands through both different languages (verbal, iconic, etc.) and media (cinema, comics, television, video games)". Para o autor, a NT "is not just an adaptation from one media to another. The story that the comics tell is not the same as that told on television or in cinema; the different media and languages participate and contribute to the construction of the transmedia narrative world". Observa ainda que "this textual dispersion is one of the most important sources of complexity in contemporary popular culture".

Estudiosos do fenômeno, Porto-Renó et al (2011.p.209) entendem que a narrativa transmídia "é considerada o resultado da articulação das distintas partes de uma grande narrativa, todas elas complementares e ligadas a esta.

---

1 Matrix é uma produção cinematográfica americana e australiana de 1999, dos gêneros ação e ficção científica.
2 Tradução nossa: "Estrutura que se expande através de ambas linguagens diferentes (verbal, icónico, etc.) e mídias (cinema, quadrinhos, televisão, jogos de vídeo, etc.). A NT não é apenas uma adaptação de uma mídia para outra. A história que dizem os quadrinhos não é a mesma que disse a televisão ou no cinema; os diferentes meios e linguagens participam e contribuem para a construção da narrativa transmídia no mundo. Esta dispersão textual é uma das fontes mais importantes de complexidade na cultura popular contemporânea".

Cada uma está vinculada pela plataforma que melhor potencialize suas características expressivas".

Em outro momento, como observado por Bazi (2016), é a partir da dedução onde o usuário da informação estabelece sua participação por meio de plataformas midiáticas convergentes, que as NT apresentam-se como um "fluxo de conteúdos dispersos entre conexões de mídias digitais" (ALZAMORA e TÁRCIA, 2012, p. 25) com o propósito final de atender aos usuários da informação.

Por sua vez, Pase, Nunes e Fontoura (2012, p.68) entendem que a NT "está ligada à sociedade" e "a relações da audiência com a tecnologia e a informação", e "dialoga com um processo cultural maior que materializa as relações plurais entre diferentes formas de assimilação de conteúdo, as audiências heterogêneas e as próprias mídias".

Portanto, a contribuição da NT para o jornalismo é fundamental num ambiente propenso a participação de novas linguagens, conteúdos e as próprias relações entre mídias (Jenkins, 2011), pois "a narrativa transmídia é uma disciplina multidisciplinar que se inscreve numa rede de filiações teóricas, na qual predominam os estudos e pesquisas de Jenkins [...]" (MASSAROLO e MESQUITA, 2014, p. 17) e, por sua vez, "a nova audiência deseja, sobretudo, participar na produção de conteúdo e vivenciar narrativas jornalísticas de forma simultânea, e através de múltiplas telas e diferentes localidades" (MASSAROLO, 2015, p. 138).

Assim, a identificação ou mesmo a aplicação das NT no exercício do jornalismo necessitam de estudos e reflexões periódicas. Um bom exemplo foi o que o que o diretor da *Starlight Runner Entretainment*, Jeff Gomez, respondeu em um evento no Brasil, em 2010. Quando questionado sobre a possibilidade do jornalismo utilizar as narrativas transmídia foi categórico:

> Sim, recentemente fui consultado pela Turner e muito do que disse foi especialmente para a CNN, com o tema jornalismo. A essência é a habilidade de converter histórias, de um jeito que fará você esperar o comercial para ver o que acontece e até tomar ações. Mas acho que a principal coisa que pode ajudar é permitir um diálogo mais estreito entre o espectador e o jornalista, e a empresa de comunicação. Quando há diálogo é mais fácil de fazer mudanças (GOMEZ, 2010).

Por consequência, Pernisa Junior (2010, p. 03) argumenta que a resposta dada pelo executivo suscita outra preocupação, "talvez mais importante para o jornalismo, que é ver como uma história pode ser contada a partir de vários meios distintos, sem uma preocupação única de 'vender' esta história e o que mais estiver relacionada a ela". E, desta forma, segundo Gonçalves

(2012), o que deve ser destacado a uma proposta transmídiatica é a expansão do conteúdo que ela resulta, não apenas o trânsito desse conteúdo entre mídias.

Outra iniciativa envolvendo as narrativas com o jornalismo foi exposta por Porto-Renó et al (2011). Os autores entendem que os estudos sobre as narrativas estão sendo focados na área da publicidade ou na linguagem e, que, no jornalismo, se não ignorados, estão aquém de serem discutidos. E argumentam que existem oportunidades para a construção e produção das narrativas transmídias no campo do jornalismo, com características semelhantes da "estrutura de linguagem adotada pela ficção" (p.214).

 Contribuição interessante à exposição também foi dada por Porto e Flores (2012, p. 82) quando discutem o jornalismo transmídiatico a partir da perspectiva do alcance da produção à audiência e as linguagens utilizadas. "Por tanto, son adoptados recursos audiovisuales, de comunicación móvil y de interactividad en la difusión del contenido, incluso a partir de la blogosfera y de las redes sociales, lo que amplia de forma considerable la circulación del contenido". A efetiva expansão da produção da narrativa transmídiatica, portanto, assegura-se quando executada em várias frentes midiáticas, sobretudo àquelas pertencentes a blogosfera e redes sociais de comunicação.

Nesse sentido, o fluxograma para reportagens transmídiaticas apresentado por Porto e Flores (2012) é um exemplo de como os veículos de comunicação podem planejar a estrutura da narrativa transmídia.

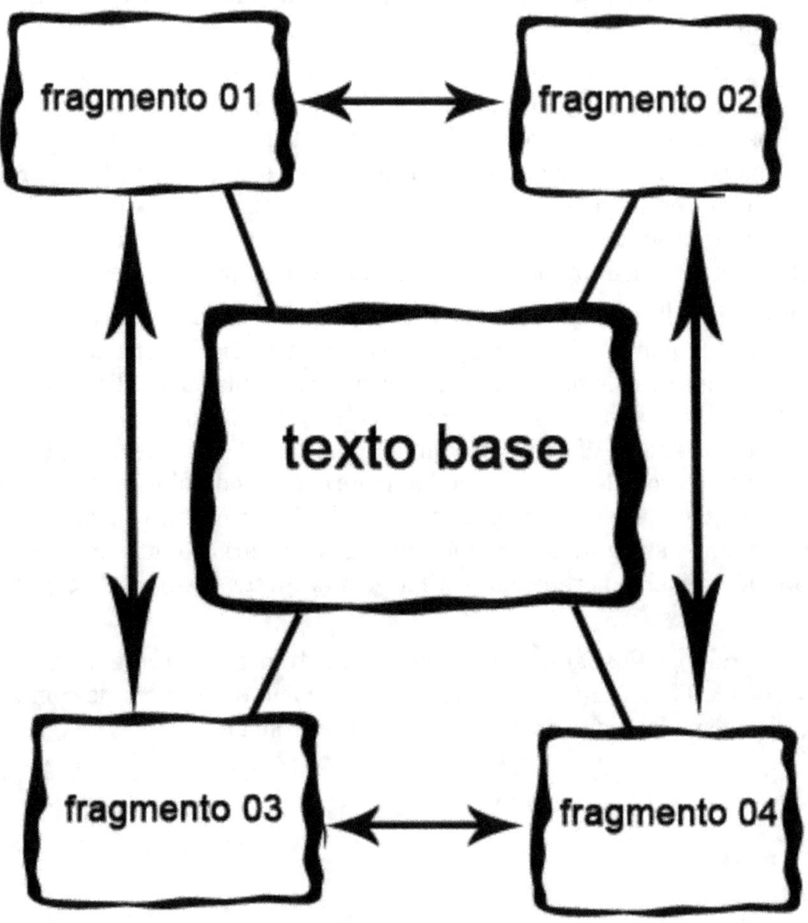

A figura indica que não necessariamente o texto base, intitulamos de conteúdo transmídiatico, admite fragmentos outros, mas seria razoável pensar em conteúdos distintos do texto base (PORTO e FLORES, 2012), a partir de uma perspectiva transmídiatica. "Así, probablemente, podríamos ofrecer una diversidad de caminos para la navegabilidad, que debe ser natural. Es decir, el usuario-receptor tiene que seguir por los caminos decididos y escogido por él, sin sentir obligación alguna para hacerlo" (p.97). Tal fluxograma corrobora, sobremaneira, para o entendimento das possíveis produções transmidiáticas realizadas pelos meios de comunicação.

Assim, depois do breve exposto, têm-se a seguir a exposição e análise das reportagens veiculadas pelo Jornal Nacional da Rede Globo de Televisão, no que se refere ao uso das narrativas transmídias.

3. Resultados e as análises

Assim, no que se refere à investigação no dia 29 de novembro de 2016 o Jornal Nacional apresentou 16 matérias/reportagens em sua edição; destas, 15, ou seja, 93,57% referiram-se ao acidente com o voo da Chapecoense (Chape).

Gráfico 1. Total de reportagens do Jornal Nacional- 29-11-17

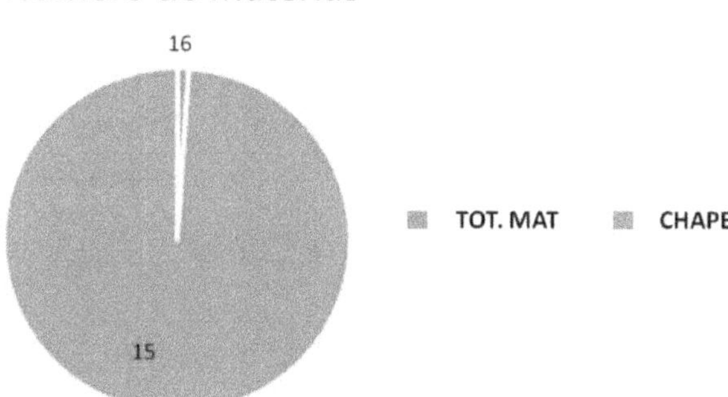

Considerando o tempo total de produção, incluindo os intervalos, as entradas 'ao vivo' dos repórteres e os textos narrados pelos apresentadores- notas- o noticiário permaneceu 1h25 minutos no ar. O gráfico 2 indica o tempo total dedicado somente às matérias/ reportagens e, àquelas dedicadas ao assunto, dominaram o noticiário.

Gráfico 2. Tempo total das reportagens sobre a Chapecoense

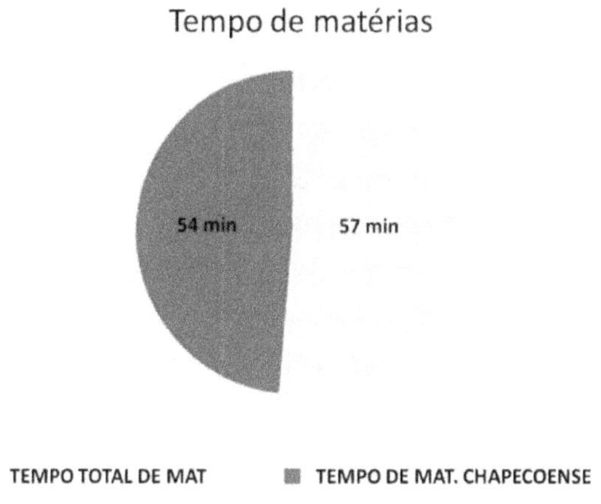

Foram somente 3 minutos e uma única reportagem não dedicada à tragédia na Colômbia, mais precisamente a demissão ocorrida de um Ministro de Estado do governo brasileiro.

Já, ao analisar as 15 reportagens relacionadas ao assunto, sob a ótica dos princípios de Jenkins (2011), ou seja, uma estrutura noticiosa indica ao menos: a) o mapeamento do mundo, b) oferece pano de fundo para outras produções, c) oferece a perspectiva de outros personagens e d) aprofunda o engajamento da audiência, tem-se a seguinte distribuição exemplificada abaixo. Salienta-se, antes de tudo, que um conceito foi identificado em mais uma reportagem, motivo pelo qual houve 23 ocorrências.

Tabela 1. Incidência dos conceitos, segundo Jenkins (2011) nas reportagens

Critérios- Jenkins (2011)	Incidência nas reportagens
A-	8
B-	5
C-	3
D-	7
Total	23

Notou-se a incidência maior no critério 'a' - mapeamento do mundo- e no 'd', engajamento da audiência. Interessante foi observar que a classificação do critério 'a' apontou para reportagens referentes ao contexto da viagem dos jogadores, desde a pré-prepararão do time ao modelo de avião que utilizaram. O critério 'd' ficou circunscrito às lembranças dos familiares e o 'b' às hipóteses do acidente e os profissionais da imprensa que também foram vitimados. Já o 'c' às possibilidades para o futuro da agremiação esportiva.

4. Considerações Finais

O que se observou, portanto, com a presente investigação é que o noticiário Jornal Nacional (JN) realizou um extensa cobertura da tragédia com o voo da equipe da Chapecoense, mas restringiu-se tão somente a produção e a linguagem que lhe são peculiares à mídia que pertence, ou seja, a televisão.

Por mais que se possa identificar nas reportagens a predominância de conteúdo noticioso transmídiatico 'mapeia o mundo', exposto por Jenkins (2011), o noticiário em nenhum momento em que esteve no ar no dia 29 de novembro de 2016, despertou a atenção do público ao convidá-lo a acessar outras informações em seu *site*.

Conquanto, mesmo que uma produção narrativa transmidiática demande tempo de produção, planejamento e equipe, registra-se o que se poderia esperar de uma narrativa transmídia noticiosa plena, a partir da cobertura do voo da Chapecoense:

- a fim de envolver o público, o noticiário deveria convidar à audiência a visitar o *site* do telejornal e as redes sociais a qual possui adesão;

- informar que outros repórteres estão ao vivo no *site* fornecendo informações em tempo real;

- fornecer no *site* outras produções noticiosas em texto, áudio e vídeo sobre o local;

- fornecer informações por meio de outras produções sobre a cultura local;

- apresentar uma produção infográfica interativa daquilo que for possível produzir;

- apresentar, de modo participante, um histórico das últimas notícias relacionadas à notícia;

- fornecer a possibilidade do público enviar fotos e vídeos para posterior publicação, entre outras.

Por fim, compartilha-se da ideia que exercício da narrativa transmídiatica no ambiente noticioso, se exerce com as experiências diárias e práticas no cotidiano das produções, e que quaisquer iniciativas nesse sentido indicam outras e novas possibilidades informativas ao público.

Referências Bibliográficas

- ALZAMORA, Geane. TÁRCIA, Lorena. (2012). "Convergência e transmídia: galáxias semânticas e narrativas emergentes em jornalismo". Brazilian Journalism Research. Brasília. v. 8, n. 1. p. 22-35.

- BAZI, Rogério Eduardo Rodrigues. (2016). "Apontamentos sobre narrativas transmídias no portal folha.uol". In: PORTO-RENÓ, Denis (et al). *Narrativas imagéticas, diversidade e tecnologias digitais*. Rosario: UNR Editora. Editorial de la Universidad Nacional de Rosario. PDF. Archivo Digital: descarga y online - ISBN 978-987-702-197-4

- GONÇALVES, Elizabeth Moraes. (2012). "Da narratividade a narrativa transmídia: a evolução do processo comunicacional". In: CAMPALANS, Carolina. RENO, Denis. GOSCIOLA, Vicente.

(Org). Narrativas transmedia: entre teorias y praticas. Bogotá: Editorial Universidad del Rosario.

- GOMES, Jeff. (2010). "Pergunta: Esse modelo de narrativa transmídia stortelling pode ser aplicado ao jornalismo? Você conhece algum caso?" In: Tá Rolando. Disponível em:http://redeglobo.globo.com/platb/tarolando/2010/02/05/pergunta-pergunta-esse-modelo-de-narrativa-transmidia-storytelling-pode-ser-aplicado-ao-jornalismo-voce-conhece-algum-caso/

- JENKINS, Henry. (2009). Cultura da Convergência. São Paulo: 2ª edição. Aleph.

- ________. Transmedia 202: further reflections. (2011). Confessions of an Aca-Fan, Los Angeles v. 1. http://henryjenkins.org/2014/09/transmedia-202-reflexiones-adicionales.html Acesso em 09 out. 2016.

- MASSAROLO, João Carlos. (2015) "Jornalismo Transmídia: a notícia na cultura participativa". REBEJ, Brasília, v 5, n. 17. p. 135-158.

- MASSAROLO, João Carlos; MESQUITA, Dario. (2014) "Reflexões teóricas e metodológicas sobre as narrativas transmídia". Lumina, v. 8, n. 1. p. 01-19.

- PASE, André Fagundes; NUNES, Ana Cecília Bisso; DA FONTOURA, Marcelo Crispim. (2012). "Um tema e muitos caminhos: A comunicação transmidiática no jornalismo". Brazilian Journalism Research, v. 8, n. 1, p. 65-80.

- PERNISA JÚNIOR, Carlos. (2010). "Jornalismo Transmidiático ou Multimídia?" Revista INTERIN, v. 10, n. 2. p. 01-10.

- PORTO, Denis. FLORES, Jesús. (2012). Periodismo transmedia. Madrid: Editorial Fraga.

- PORTO-RENÓ, D., VERSUTI, A.C., MORAES-GOLÇALVES, E., GOSCIOLA, V. (2011). "Narrativas transmídia: diversidade social, discursiva e comunicacional". Palavra Chave, v. 14, n. 2. p. 201-215.

- SCOLARI. Carlos. (2009). "Transmedia Storytelling: Implicit Consumers, Narrative Worlds, and Branding in Contemporary Media Production". In: Media Production. Internacional Journal of Communication, v 3, p. 586-606.

CAPÍTULO I

COMUNICACIÓN E INMIGRACIÓN: EL CASO DE LA VALLA DE MELILLA COMO PUNTO DE PARTIDA HACIA LA ESPECIALIZACIÓN PERIODÍSTICA

Mercedes Barrutia Navarrete
Universidad de Granada

RESUMEN

En octubre de 2012 tuvo lugar una serie de saltos a la valla de Melilla, que fueron calificados como "avalancha" e "invasión" por parte de la Delegación del Gobierno de la Ciudad Autónoma. Unos hechos que son el espejo de una realidad que no ha cesado y que cada vez es más fuerte: la llegada de inmigrantes a territorio español por vías ilegales. Responder a cómo debe abordar el comunicador el fenómeno migratorio es la primera misión de este estudio.

Si se acepta como punto de partida un natural desconocimiento del campo jurídico en materia de extranjería por parte del periodista, es necesario preguntarse cómo afecta esa carencia a la hora de transmitir la información. En este sentido esta investigación realiza una valoración del lenguaje empleado y su repercusión en la sociedad, así como una reflexión semiológica del contexto provocado por los medios de comunicación desde una perspectiva especializada.

En este estudio se realiza una aproximación a la realidad social y migratoria melillense y una crítica al trabajo periodístico gracias, no solo al lenguaje propio de la redacción de titulares, sino también al visual en base al análisis de una serie de fotografías que se publicaron durante los días de los saltos de 2012. Para ello se emplearán herramientas propias de la investigación – análisis de contenido de foros, fotografías y noticias y entrevistas- así como la participación de personajes relevantes de la ciudad de Melilla que de una forma u otra viven de cerca el fenómeno de la inmigración.

Palabras clave: inmigración, medios-comunicación, especialización-periodística, valla-Melilla, extranjería, inmigración-irregular

1. Introducción e hipótesis

Tres días en el mes de octubre de 2012 fueron claves en el panorama político y social de Melilla: según los medios de comunicación españoles, locales y nacionales, la ciudad estaba siendo "invadida" por "inmigrantes de origen sudafricano", pero sin embargo no se desataron en ningún momento acciones militares ni declaración de emergencia por parte del gobierno de la ciudad ni del estatal. La sociedad melillense se encontraba con su calma habitual. ¿Qué estaba pasando en realidad? Los titulares periodísticos que informan sobre los saltos a la valla de Melilla son una costumbre, ¿cómo reaccionan los políticos ante esto? ¿Y la prensa? ¿Y los miembros de seguridad?

Evidente es que un intento de invasión sin consecuencias políticas ni sociales significa que algo pasa. Las hipótesis pueden ser tres:

- Ni Delegación del Gobierno de Melilla, ni el Ministerio del Interior ni los organismos europeos competentes deciden actuar, de ningún modo, ante las amenazas políticas o sociales que supondrían la invasión de un pueblo. Además, en un enclave geográfico complejo que supone la entrada sur a Europa
- Los cuerpos de seguridad del estado realizan su función de defensa con alto secreto, con tanto recelo que la noticia no salta a los medios de comunicación ni nadie ve ni sabe nada
- Los medios de comunicación realizan una mala cobertura de la realidad que acontece, fomentando el sensacionalismo y el impacto mediático.

En apariencia, la más lógica es la tercera opción: una mala praxis periodística. ¿Qué pasa en Melilla y en los medios de comunicación locales? ¿Cómo funcionan? ¿Qué opinan las partes implicadas: políticos, periodistas, funcionario de la seguridad, historiadores...?

Un mal desarrollo de la actividad periodística puede generar rechazo social, racismo y una influencia negativa en el imaginario colectivo, que afecta de forma directa a la sociedad y a todas las partes implicadas en el fenómeno de la inmigración ilegal y legal.

2. Objetivos

El objetivo principal de esta investigación es determinar cómo de intensa es la presión migratoria para Melilla, frontera sur de Europa: si de verdad la ciudad fue invadida por la inmigración irregular y realizar una evaluación a nivel profesional del ejercicio del periodismo. Y de forma secundaria:

- Dibujar un contexto sobre la complejidad de la ciudad de Melilla en cuestiones migratorias
- Recoger información periodística sobre la llamada invasión y plantear cuestiones sociales, políticas y periodísticas al respecto
- Evaluar la actividad periodística a nivel local y, como consecuencia, a nivel nacional
- Evaluar y reflexionar sobre los niveles de influencia de la información institucional y oficial frente a la producción de noticias por parte de los periodistas

- Evaluar la interpretación y la reacción de los contenidos periodísticos por parte de la audiencia
- Reflexionar sobre la importancia del lenguaje a dos niveles: narrativa lingüística y narrativa audiovisual mediante el análisis de foros de opinión, redacción de titulares y la selección fotoperiodística

3. Metodología

El propósito de este estudio fenomenológico y de caso es describir y comprender la acción periodística y sus consecuencias en el ámbito de la comunicación y la sociedad en la cobertura de las noticias relacionadas con la inmigración irregular en Melilla.

Tras recopilar toda la información sobre los saltos a la valla en medios de información digitales con el fin de describir el contexto, se va a proceder a analizar el tratamiento mediático de los hechos a través de una serie de titulares y fotografías publicadas por la prensa nacional gracias a la intervención de un grupo de referencia.

3.1. Recolección de datos y análisis de contenido. Antecedentes: los hechos a través de la prensa

La meta de este trabajo es describir cómo los medios de comunicación cubren las noticias relacionadas con la inmigración irregular de Melilla y cuál es el impacto en la sociedad y la prensa nacional. Para ello, la primera misión es recopilar toda la información pertinente, publicaciones de prensa y búsqueda de sujetos para un grupo de referencia, para obtener y describir el campo de análisis, el planteamiento del problema y el surgimiento de las hipótesis. "Con los estudios descriptivos se busca especificar las propiedades, características y los perfiles de personas, grupos, comunidades, procesos, objetos o cualquier otro fenómeno que se someta a un análisis"[3], con este tipo de investigaciones sobre todo se "prefiguriza"[4] un suceso, por lo que resulta apropiado para el caso que ocupa.

Cómo no, el análisis de contenido es una de las principales herramientas metodológicas de este estudio, ya que esta técnica supone una interpretación y comprobación de hipótesis "aplicados a productos comunicativos o a interacciones comunicativas que, previamente registradas, constituyen un documento, con el objeto de extraer y procesar datos relevantes sobre las condiciones mismas en que se han producido"[5]. Por tanto, para este trabajo

---

[3] Fernández Collado, C. & Baptista Lucio, P. (2014). Metodología de la investigación. Sexta edición. México: McGraw Hill. ISBN: 978-1-4562-2396-0. Pág. 92.

[4] Ut. supra. 7

[5] Piñuel Raigada, J. L. & Gaitán Miya, J. A. (1999). Metodología General. Conocimiento científico e investigación en la comunicación social. Primera reimpresión. Madrid: Editorial Síntesis. ISBN: 84-7738-325-1. Págs. 517-520.

se ha recopilado información -en periódicos digitales locales y nacionales, blogs de noticias representativos del panorama melillense, agencias nacionales de noticias- y con la aplicación de esta técnica, en el análisis se valora: texto –estilo y redacción- e imagen o galerías fotográficas aportadas, además de todos los comentarios de los usuarios *on line*.

Para algunos autores, "el análisis de contenido en un sentido amplio es una técnica de interpretación de textos, ya sean escritos, grabados, pintados, filmados…. U otra forma diferente donde puedan existir todo tipo de registros de datos, trascripción de entrevistas, discursos, protocolos de observación, documentos, vídeos…. El denominador común de todos estos materiales es su capacidad para albergar un contenido que leído e interpretado adecuadamente nos abra las puertas al conocimiento de diversos aspectos y fenómenos de la vida social"[6]. Así, la necesidad de recopilar todo lo publicado durante los días en que tuvieron lugar los saltos va a permitir delimitar cuáles son las características del fenómeno y cómo lo vivieron los medios y la sociedad, sobre todo, la melillense. Entre los periódicos analizados se encuentran: elpais.com, elmundo.com, abc.es, eltelegrama.com, elfaro.com, melillahoy.com, libertadigital.com, elperiodico.com, lavoz.com o larazón.es.

3.2. Investigación cualitativa. Entrevistas y encuestas con carácter descriptivo/interpretativo: una mirada desde dentro

La investigación cualitativa "se enfoca en comprender lo fenómenos explorándolos desde la perspectiva de los participantes en un ambiente neutral y en relación con su contexto. El enfoque cualitativo se selecciona cuando el propósito es examinar la forma en que los individuos perciben y experimentan los fenómenos que los rodena, profundizando en sus puntos de vista, interpretaciones o significados"[7]. En este sentido, queja justificada esta técnica de investigación en la que una serie de personajes relevantes de la ciudad de Melilla, que guardan relación con el fenómeno migratorio en algún sentido, van a interpretar una serie de titulares y fotografías: "las entrevistas en profundidad aportan un trasfondo detallado sobre las motivaciones o razones de las respuestas específicas de los encuestados; ofrecen información pormenorizada sobre los valores, motivaciones, experiencias y sentimientos de quienes responden y facilitan la observación en profundidad de las reacciones implícitas o no verbales de los sujetos estudiados"[8].

---

[6] Andréu, J. (2002). "Las técnicas de análisis de contenido: Una revisión actualizada". Junta de Andalucía: Fundación Centro de Estudios Andaluces. Págs. 2-3.

[7] Fernández Collado, C. & Baptista Lucio, P. (2014). Metodología de la investigación. Sexta edición. México: McGraw Hill. ISBN: 978-1-4562-2396-0. Págs. 358-359.

[8] Wimmer, R. D. & Dominick, J. R. (1996). La investigación científica en los medios de comunicación. Cuarta edición. Barcelona: Bosch. ISBN: 84-7676-359-X. Pág. 158.

Los personajes escogidos, catalogados como expertos[9], para llevar a cabo entrevistas y las encuestas son:

- Al que nombramos como Político 1, es un miembro del partido político Coalición Por Melilla (CPM), federado desde 2008, que permanece en el anonimato por evitar problemas.
- Un director de un periódico digital de Melilla, al que llamaremos Periodista 1, puesto que no ha quedado claro si le interesa el anonimato.
- Un periodista y fotógrafo autónomo, diplomado en Seguridad y Defensa, corresponsal en Melilla de El País y de la productora ATLAS, al que llamaremos Periodista 2. Esta persona no ha mostrado inconveniente en dar su nombre, pero lo ocultamos por posibles represalias.
- Un Guardia Civil de Melilla, quien ha preferido permanecer en el anonimato en cargo e identidad.
- Un historiador, columnista de un periódico local y miembro del grupo de actividades culturales de la Universidad Nacional de Educación a Distancia (UNED) de Melilla, quien no ha tenido inconveniente en dar su nombre pero que no se menciona por tener el mismo trato que con el resto de participantes. Lo llamaremos en adelante Historiador.

Respecto a las encuestas, se proponen dos: interpretación por parte de los participantes de una batería de titulares y una serie fotográfica:

A. Encuesta: interpretación de titulares. Los titulares son escogidos al azar según popularidad en el motor de búsqueda Google. Se escribe la ecuación de búsqueda "Inmigrantes y Melilla" y se toman los 10 primero titulares de prensa que aparecen como respuesta. Por tanto, la selección, además de ser aleatoria y sin influencia alguna, quedan sujetos al número de visitas de los usuarios. Así, a los entrevistados se les ofrece los títulos más populares teniendo en cuenta el posicionamiento SEO en la red.

B. Encuesta: interpretación de una serie fotográfica. Se emplea una galería de imágenes completa publicada por el diario digital elpais.com, con fecha 20 de octubre de 2012, la única galería que publican los medios como tal. Se trata un trabajo realizado por agencias de noticias españolas, sobre todo EFE, y corresponsales de periódicos de tirada nacional, y curiosamente esas mismas fotografías son las que acompañan las informaciones publicadas por medios locales y nacionales. El País lo que hace es recopilar todas las tomas e incluirlas en un único álbum con un pie de foto y la firma de autor (casi todas pertenecen al mismo, al periodista independiente que participa

---

[9] Con una muestra de expertos "se pretende mejorar un proceso de calidad" en las investigaciones, tal y como puede leerse en los autores Collado y Baptista. Ut. supra. Págs.386-387.

en esta investigación). La serie es mostrada para su valoración en relación, claro, con el fenómeno migratorio.

4. Análisis.

4.1. Estado de la cuestión. Descripción del contexto.

Durante los días 16 a 19 de octubre de 2012 tuvieron lugar una serie de saltos a la valla fronteriza de Melilla calificados por la prensa y por la propia Delegación del Gobierno de la Ciudad Autónoma como "invasión en toda regla". Gracias a la información recopilada en las hemerotecas de los medios de comunicación nacionales, puede saberse que más de 150 personas de origen subsahariano consiguieron cruzar la separación de alambre con la intención de buscar asilo en territorio español.

Según fuentes de información tales como el Centro de Estancia Temporal para Inmigrantes (CETI), el Delegado del Gobierno en Melilla o periodistas, los extranjeros iban armados con palos y piedras y en varias ocasiones mostraron "una actitud violenta" con la que solo conseguían "apagar esa simpatía que los inmigrantes despiertan". Una actitud con la que, además de conseguir salvar los más de 6 metros de altura de la reja metálica fronteriza, hirieron a varios guardias civiles que tuvieron que ser "atendidos de urgencia" (en concreto un esguince de rodilla y una muñeca abierta). Algunos medios de comunicación locales y nacionales han dejado intuir, con más o menos sutileza, que una Organización No Gubernamental de Melilla (en concreto Pro Derechos de la Infancia, PRODEIN) en colaboración con inmigrantes en situación administrativa irregular residentes en el CETI animaron y ayudaron a los subsaharianos a pasar a España.

El procedimiento para saltar la valla, fue el siguiente: los asaltos tuvieron lugar a plena luz del día, al contrario que todas las veces anteriores. Según la prensa escrita analizada y el Delegado del Gobierno, con esto se consiguió "despistar a las fuerzas de seguridad españolas", tanto que en la primera jornada 20 personas consiguieron pisar suelo español. Acto seguido, una vez que los inmigrantes habían conseguido burlar el control fronterizo, corrieron a refugiarse, dándose a la fuga, a un colegio religioso cercano a la zona y a barrios de difícil acceso. La entrada de extraños en el centro escolar provocó que cundiera cierto pánico entre los escolares y sus padres, ya que todo sucedió a una hora próxima al término de la jornada.

Durante los tres días en los que hubo saltos, éstos tuvieron lugar desde tres puntos geográficos distintos calificados como "favoritos" por los inmigrantes, según las fuentes de información oficiales. Tres puntos que requirieron "vigilancia expresa" y reforzada por guardias civiles pertenecientes a la Comunidad Autónoma de Andalucía, entre otros. Una vez en suelo español, como siempre según fuentes de información consultadas, muchos "opusieron resistencia", pero todos se paseaban con "los brazos en alto con las manos en señal de victoria" y con vítores de "libertad". Una vez atendidos por la guardia civil, policía y sanitarios, los extranjeros solicitaban de forma expresa ser conducidos al CETI. Centro que, dicho sea de paso, en la actualidad alberga al triple de personas de la permitida según sus condiciones.

Parte de lo que fue calificado como "éxito" residió en el acecho a la valla durante todo el día y toda la noche. "Millares de inmigrantes aguardaban" al otro lado de la frontera esperando el momento oportuno para pasar. El Delegado del Gobierno de Melilla declaró que no sabía "cómo pasaban la valla, pero que la pasaban", que "seguramente eran ayudados por compañeros del CETI" y que la situación era de "máxima alerta" y se podía calificar como "invasión a España". El Presidente de la ciudad tampoco se quedó atrás al afirmar que "Melilla era la frontera sur de Europa" y que esta "avalancha coordinada y unísona" no podía "permitirse porque sentaba precedente".

Respecto al uso del lenguaje de los usuarios de los foros resalta:

- La reclamación de tropas militares como medio de defensa
- Llegada de inmigrantes debido a las subvenciones que reciben de Europa y España
- Los inmigrantes solo quieren llenarse los bolsillos a costa de los españoles
- España prepara a los inmigrantes para que puedan ir a la universidad
- Estos asaltos son calificados con el fin del estado de bien estar
- Los españoles amamantan a los inmigrantes que vienen con exigencias legales
- Esta situación no es más que un aumento de la sociedad penitenciaria
- Las leyes de inmigración están para cumplirlas
- La circunstancia de saltar la valla y llegar a Melilla es calificada como "jauja" y un "asalto a la integridad española"
- Los inmigrantes vienen con aire desafiante y además exigiendo (el comentario más votado a favor por los usuario de elperiodico.com)
- Como vengan más inmigrantes nos vamos a morir de hambre
- A los inmigrantes los mantienen los funcionarios y los pensionistas, quienes pagan la seguridad social por ellos
- Un inmigrante es un delincuente
- Los inmigrantes mienten sobre la edad porque es fácil chupar del bote
- Los socialistas han repartido y regalado papeles y los inmigrantes se han enterado

- Tanta inmigración solo acarrea el reemplazo social. El usuario explica que si los españoles emigran y a la vez llegan inmigrantes, la sociedad va a cambiar: se va a hacer más vieja y más negra
- Desmoronamiento de la nación, a la vez que la mayoría de usuarios inciden en que la situación es "para cagarse"
- La verja debería ser sustituida por un muro de hormigón
- Hay varios usuarios que afirman que las fuerzas de seguridad españolas permitieron que los inmigrantes entraran a Melilla, y lo afirman con ironías como que "no fueron capaces ni de pillar a los cojos"
- Es más difícil que un español vaya a Alemania a que un negro salte la vaya
- Se solicitan explicaciones desde el Ministerio del Interior, que por cierto no parecen llegar
- Que se lleven a los inmigrantes por donde han venido
- La legalidad vigente hace carísima su repatriación y por eso los mantenemos

Con este contexto, puede procederse a entrevistar a los participantes.

4. 2. Las encuestas. Valoración de titulares e imágenes: la percepción de la realidad a través de la actividad periodística. Niveles de influencia.

Una vez realizadas las entrevistas se procede a la encuesta. El personaje debe responder a tres preguntas en relación a su sensación en cuanto a la lectura de la batería de titulares seleccionados así como en cuanto al visionado las imágenes de la galería.

A continuación se ofrecen los titulares numerados y una valoración de los participantes:

1. Comienza de nuevo el chabolismo de inmigrantes en Melilla

Entrevistado	¿Qué le sugiere el titular?	Valoración (0/10)	¿Despierta rechazo?
Historiador	Sólo lo comprenden los de Melilla	No considero que sea noticia. 4	Sí, parece que los inmigrantes prefieren en chabolismo
Periodista 1	¿¿Chabolismo?? No me gusta	5	Sí, sin duda
Político 1	La política de inmigración no funciona	7	En la ciudad sí lo genera
Periodista 2	Chabolismo = chavacanismo	2,8	Sí, sobre todo ligando la palabra chabolismo al inmigrante
Guardia Civil 1	Los negros se van del CETI	5. No me gusta la palabra chabolismo	Sí

2. Entrada masiva* de inmigrantes en Melilla

Entrevistado	¿Qué le sugiere el titular?	Valoración (0/10)	¿Despierta rechazo?
Historiador	Exageración, desmesura, mentira	Le pongo un 1. ¿Qué es masivo?	Sí, está hecho para eso. Para la alarma
Periodista 1	Avalancha gorda, gorda	Aporta un dato más, le doy un 6	Sí
Político 1	Conciencia	7	Sí
Periodista 2	Es mentira	4.85	En mí, desde luego, lo despierta
Guardia Civil 1	Es mentira	0	Sí

*Al preguntar al entrevistado qué entiende por "masivo", Político 1 indica que entre las 100 y las 200 personas; Periodista 1, en Melilla, más de 50 personas; Periodista 2, más de 200; el Guardia Civil, 150 personas. La noticia correspondiente a este titular explica que consiguieron pasar a la Ciudad en "avalancha", pero no da un número concreto. La imagen que acompaña a esta noticia muestra 32 subsaharianos en el cauce seco del Río de Oro. ¿Avalancha?

3. Nuevo intento de entrada masiva de inmigrantes en Melilla

Entrevistado	¿Qué le sugiere el titular?	Valoración (0/10)	¿Despierta rechazo?
Historiador	Rizar el rizo, mentiras	0	Sí, además en distintos campos: militar, políticos, ciudad
Periodista 1	Ampliación del anterior	6	Sí
Político 1	Acertado. La conciencia social está perdida	7	Sí
Periodista 2	Manipulación de la Delegación del Gobierno*	4,85	Sí
Guardia Civil 1	Llamada de atención. ¿Quién los cuenta?	2	Sí

* Según el periodista Periodista 2, la Delegación del Gobierno está vendida. En la mayoría de entradas a Melilla por puntos no habilitados para el control la Delegación hace oídos sordos y no emite nota de prensa, que es su obligación, hasta que los periodistas llaman para contrastar los datos. La encargada de prensa de la Institución toma nota, por lo que los periodistas son fuente y no al revés, reteniendo el máximo tiempo posible la información.

4. Los niños inmigrantes de Melilla: "Somos pobres y hay que buscarse la vida"

"Somos pobres, no hay trabajo. ¿Qué vas a hacer sino saltar la frontera y venir a buscarte la vida?", reflexiona Hamed, de 17 años, mientras apura un cigarrillo y se coloca la gorra, que lleva puesta de medio lado.*

Entrevistado	¿Qué le sugiere el titular?	Valoración (0/10)	¿Despierta rechazo?
Historiador	Eso no lo dice un niño, joder. El titular no tiene que ver con la entradilla	0	Sí
Periodista 1	No me gusta el enfoque. De esa historia se puede sacar más. Cierta manipulación	5	Podría
Político 1	Real	8	No
Periodista 2	No me gusta el periodismo de teléfono ni con prisas. El trabajo seguro que es de Calleja	Mal. 1,7	Sí
Guardia Civil 1	Manipulación	0	Sí

* Este titular es especial desde el punto de vista periodístico. Para empezar, llama la atención del lector incluyendo en el titular la palabra "niños", buscando un punto de ternura al relacionar este término con la pobreza y la supervivencia. Pero la intención del redactor se trunca antes de terminar: en periodismo se considera niño a un menor de 14 años y a partir de la esa edad se considera adolescente; hasta los 30, joven, y en adelante, adulto. La entradilla explica que el niño, en este caso, tiene 17 años y además fuma, por lo que la compasión se pierde por el camino dejando al aire una mala redacción, una pésima seducción y una falta de delicadeza (fíjese en que también dice el nombre del menor. Si el nombre fuera falso debiera darse un indicio de ello al lector).

Es curioso como el Periodista 1, a pesar de considerar que existe "manipulación" y de no ver un enfoque adecuado aprueba con un 5 el titular

5. Unos 160 inmigrantes intentan saltar la valla de Melilla en dos nuevos asaltos

Entrevistado	¿Qué le sugiere el titular?	Valoración (0/10)	¿Despierta rechazo?
Historiador	Gramaticalmente incorrecto. ¿Unos, indeterminado, con un número concreto?	1	Sí, está hecho para eso
Periodista 1	Aquí podrían haber utilizado el masivo (broma). Desbordamiento de la ciudad, desesperación	7	Puede
Político 1	Correcto	8	No, es la realidad. Debe despertar la conciencia
Periodista 2	Indignación por la imprecisión	0,5	Sí, pero porque está mal estructurado y es impreciso
Guardia Civil 1	Interés por la noticia. ¿Será verdad?	7	No

6. Más de un millar de personas esperan al otro lado de la valla para cruzar a Melilla

La Delegación de Gobierno augura nuevos saltos en los próximos días. Se refuerza la seguridad en la frontera con Marruecos con otros 40 agentes de la Guardia Civil

Entrevistado	¿Qué le sugiere el titular?	Valoración (0/10)	¿Despierta rechazo?
Historiador	Bien	7	Sí, por el temor
Periodista 1	Miedo al melillense que lo lea	7	Inquietud
Político 1	-	-	-
Periodista 2	Mentira	6.5	En mí sí porque es verdad
Guardia Civil 1	Una tontería	2	No, es una tontería

* El líder político tiene que "irse" a una reunión y abandona aquí.

7. Silencio de la prensa española ante la matanza de inmigrantes en las fronteras con Melilla

Entrevistado	¿Qué le sugiere el titular?	Valoración (0/10)	¿Despierta rechazo?
Historiador	Tendencioso, malvado	0	Sí
Periodista 1	Es de periodismo humano, seguro	4	Sí
Político 1	-	-	-
Periodista 2	Fuerte, arriesgado, realista	6	Claro, político
Guardia Civil 1	Hostia. Qué fuerte lo de matanza de inmigrantes*	0	Sí

* El Guardia Civil me pregunta si yo creo que eso es verdad. Yo le explico que un periodista que he entrevistado, no digo su nombre, afirma que es verdad. El civil se sorprende.

8. Decenas de inmigrantes acceden a Melilla en avalancha masiva

Entrevistado	¿Qué le sugiere el titular?	Valoración (0/10)	¿Despierta rechazo?
Historiador	Más mesurado	8	No lo sé, supongo que sí
Periodista 1	Luego lo logran una decena	5	Sí
Político 1	-	-	-
Periodista 2	Joder. Si son decenas no puede ser masivo. La gente escribe muy mal y la Delegación miente.	0.8	Sí
Guardia Civil 1	Hablo con mi traje puesto... podría ser, pero no es cierto. Debería usar un numeral más acertado	3	Sí

9. Al menos 450 inmigrantes asaltan la valla fronteriza de Melilla

Este tipo de cifras no se daban desde la crisis de la valla del verano de 2005, cuando miles de subsaharianos intentaron el salto

Entrevistado	¿Qué le sugiere el titular?	Valoración (0/10)	¿Despierta rechazo?
Historiador	Impreciso	4	Sí
Periodista 1	Exagerado. A lo mejor se refiere a un periodo más largo	4	Acojone
Político 1	-	-	-
Periodista 2	Imprecisión	3.6	Periodísticamente, sí
Guardia Civil 1	Mentira, es imposible, mentira cochina	0	Por la mentira, sí, claro

10. Los asaltos a la valla de Melilla cada vez son más violentos

Entrevistado	¿Qué le sugiere el titular?	Valoración (0/10)	¿Despierta rechazo?
Historiador	Mentira	0	Sí
Periodista 1	El hecho de que se está recrudeciendo el problema	6	Sin duda
Político 1	-	-	-
Periodista 2	(Se ríe) La locura, la estupidez humana, la falsedad en la información	3	Sí, totalmente
Guardia Civil 1	No... eso no es así. No es concreto, no es exacto	1	Sí

A continuación se ofrecen las fotografías y una valoración de los participantes:

Nº FOTOGRA-FÍA	PERSONAJE	QUÉ LE SUGIERE?	ADECUADA PARA PUBLI-CAR?	COMO LECTOR, QUÉ LE TRANS-MITE?	GENERA RE-CHAZO SO-CIAL?	QUÉ TIPO DE RE-CHAZO?	CREE QUE EXISTE MANIPU-LACIÓN MEDIÁ-TICA?
1	Historiador	Esquema	Aprende el otro, aprender a desactivarla, demasiada información	Demasiado, no atractivo	Si, en patrulla 24 horas un militar! mentira	tendenciosa	Sí, por el militar
1	Periodista 1	En periodismo ok. Excepto por la metralleta que no es real	En general sí, son buenísimos, dan información	Más información	Depende del lector	Depende, por ser una barbaridad de seguridad	No lo creo
1	Político 1	Los seres humanos estamos enfermos	sí	Amenaza	Personalmente me lo genera	Depende de la conciencia	-
1	Periodista 2	Me encanta. ayuda	sí	Claridad, fuerza, miedo por la seguridad	Sí por las patrullas 24 horas	-	Sí, porque tiene algunas imprecisiones
1	Guardia civil 1	Fiel a la realidad, pero no todos los elementos. No armas, no 24 horas	sí	Como guardia civil no dejaría que la publicaran	no	-	no

NÚMERO DE LA FOTOGRAFÍA	PERSONAJE	QUÉ LE SUGIERE?	ADECUADA PARA PUBLICAR?	COMO LECTOR, QUÉ LE TRANSMITE?	GENERA RECHAZO SOCIAL?	QUÉ TIPO DE RECHAZO?	CREE QUE EXISTE MANIPULACIÓN MEDIÁTICA?
2	Historiador	Drama tremendo. Buena	Sí	Drama en 3 partes: inmigración, funcionarios, fuerzas de seguridad	Puede ser	Puede ser violento	Dos caras que se fijan
2	Periodista 1	Pena, tristeza	Sí, ilustra la realidad	Tristeza por ello	Podría pero no	Tristeza	No
2	Político 1	No lo sé. Criaturas con esperanza	sí	-	no	-	no
2	Periodista 2	Lástima, pena, los conozco	sí	realidad	no	Sí, si eres racista	No es acorde con el pie de foto
2	Guardia civil 1	Lo de todos los días.	No. Para los que no son de Melilla si quieren sacar negros los pueden sacar vestidos	No intimidad	Yo tengo costumbre de ver esto, a mí no me lo genera	Ahora mismo están bajo la custodia del Estado y no los deberían sacar	Sí

NÚMERO DE LA FOTO	PERSONAJE	QUÉ LE SUGIERE?	ADECUADA PARA PUBLICAR?	COMO LECTOR, QUÉ LE TRANSMITE?	GENERA RECHAZO SOCIAL?	QUÉ TIPO DE RECHAZO?	CREE QUE EXISTE MANIPULACIÓN MEDIÁTICA?
3	Historiador	No sé dónde es, no sé qué hacen	Con el titular no. Estos no han saltado	Confusión. ¿Le chupa un pezón?	sí	Intran-quili-dad	Improvisación
3	Periodista 1	Si estuvieran esqueléticos, darían pena. Pero no están desnutridos	No tiene por qué no serlo. Yo pondría otra foto	Dudas. Qué hacen, ¿le chupa un pezón..?	No	-	No lo veo
3	Político 1	Atendiendo a un herido. compañerismo	sí	-	no	-	No
3	Periodista 2	pena	Como lector sí, como periodista también	Miseria humana	Por mala imagen	-	No
5	Guardia Civil 1	Todos pecamos de los mismo pecados	sí	Preparados para el contacto con la sociedad	no	-	No

NÚMERO DE LA FOTOGRAFÍA	PERSONAJE	QUÉ LE SU-GIERE?	ADECUADA PARA PUBLI-CAR?	COMO LECTOR, QUÉ LE TRANS-MITE?	GENERA RE-CHAZO SO-CIAL?	QUÉ TIPO DE RECHAZO?	CREE QUE EXISTE MANIPULACIÓN MEDIÁTICA?
4	Historiador	Salir dirigidos por los civiles. Llevan herido	Sí, procesión trágica	Acentúa la tragedia y solidaridad	asombro	sí	sí
4	Periodista 1	Algo teatral. Les pasará algo?	Sí	pobrecillos	no	-	No, ilustra
4	Político 1	Grupo unido por objetivo denegado	sí	-	no	-	No
4	Periodista 2	pobrecitos	sí	Miles de cosas. Ríos de personas. Me pregunto por qué vienen	no	-	No
4	Guardia civil 1	Me cago en la mar, estos son muchos	no. Sale un guardia civil	Hay que darle un premio al fotógrafo, van en fila	puede	No lo sé	Si

NÚMERO DE LA FOTOGRAFÍA	PERSONAJE	QUÉ LE SUGIERE?	ADECUADA PARA PUBLICAR?	COMO LECTOR, QUÉ LE TRANSMITE?	GENERA RECHAZO SOCIAL?	QUÉ TIPO DE RECHAZO?	CREE QUE EXISTE MANIPULACIÓN MEDIÁTICA?
5	Historiador	Muy contentos por pasar	Sí, pero no como se ha publicado	Satisfacción del deber cumplido. pacífico	Sí, puede	Sectores ignorantes	¡si!
5	Periodista 1	Momento de tensión	sí	inquietud	sí	inquietud	La intención viene dado por el ccnjunto
5	Político 1	Un problema grande	sí	Dispuestos a lo que sea posible	-	-	-
5	Periodista 2	Todos pecamos de los mismo pecados	sí	Preparados para el contacto con la sociedad	no	-	No
5	Guardia civil 1	¡DIOS!	No	No lo sé	A mí sí	-	Un poco, quieren dar pena

NÚMERO DE LA FOTOGRAFÍA	PERSONAJE	QUÉ LE SUGIERE?	ADECUADA PARA PUBLICAR?	COMO LECTOR, QUÉ LE TRANSMITE?	GENERA RECHAZO SOCIAL?	QUÉ TIPO DE RECHAZO?	CREE QUE EXISTE MANIPULACIÓN MEDIÁTICA?
6	Historiador	Satisfacción, agradecimiento a la divinidad	Curiosa e impactante	Fuerza. Se fija uno en los bíceps	Puede ser	religiosa	Sí
6	Periodista 1 Periodista 1	Pena por un lado y miedo. Fuerza y gracias a Dios	Casi todas lo son	--	-	-	-
6	Político 1	Buscan aliado en el cielo. miseria	mucho	-	no	-	No
6	Periodista 2 Es el autor	éxtasis, culminación	Yo luche para que se publicara	Fuerza, sinceridad	no	-	No
6	Guardia civil 1	Seguro que el fotógrafo tiene la misma foto con los ojos normales	No	dramatizar	sí	-	Sí

NÚMERO DE LA FOTOGRAFÍA	PERSONAJE	QUÉ LE SUGIERE?	ADECUADA PARA PUBLICAR?	COMO LECTOR, QUÉ LE TRANSMITE?	GENERA RECHAZO SOCIAL?	QUÉ TIPO DE RECHAZO?	CREE QUE EXISTE MANIPULACIÓN MEDIÁTICA?
7	Historiador	Putada. pena	Sensacionalismo. Cumple función con el titular	Tragedia	A los sensibles, impacta	Por el hecho de ver a un hombre herido	Contundente
7	Periodista 1	Tristeza acojonante. Miedo de que haya gente	no	-	-	Hacia el que la ha publicado	Sí
7	Político 1	Triste realidad	Muy adecuada	impacto	-	No debería	No
7	Periodista 2 Es el autor	Pobrecito, increíble	Es fuerte, pero es la realidad	Es necesaria, impacta, vergüenza	Sí, por la impresión	-	No hay manipulación
7	Guardia civil 1	Joder. Si es mentira hay que denunciar al periodista y si es verdad que actúen	Si una fuerza de seguridad hace eso hay que publicar	pena	Las he visto peores. Genera rechazo por el hecho en si	-	No lo sé. Llamar la atención

NÚMERO DE LA FOTOGRAFÍA	PERSONAJE	QUÉ LE SUGIERE?	ADECUADA PARA PUBLICAR?	COMO LECTOR, QUÉ LE TRANSMITE?	GENERA RECHAZO SOCIAL?	QUÉ TIPO DE RECHAZO?	CREE QUE EXISTE MANIPULACIÓN MEDIÁTICA?
8	Historiador	joder	Sí. En Melilla entienden a los que saltan	Atendemos a los inmigrantes	no	conciliación	Sí, hecha a conciencia
8	Periodista 1	Nos querían echar, y nos echaron	sí	No tienen heridas evidentes	no	-	No
8	Político 1	tristeza	sí	-	no	-	No
8	Periodista 2	Hijo de puta, no dejan fotografiar, a los inmigrantes no les ampara la ley	No es muy buena pero adecuada	Inocencia del estado de derecho	sí	No entiendo que no te dejen hacer fotos	no
8	Guardia civil 1	Que deben tapar a los guardias civiles	Negativo. Negativo mil por mil	Que la manta es de cadáveres y en realidad es térmica	muchísimo	-	Claro, fastidiar

NÚMERO DE LA FOTOGRAFÍA	PERSONAJE	QUÉ LE SUGIERE?	ADECUADA PARA PUBLICAR?	COMO LECTOR, QUÉ LE TRANSMITE?	GENERA RECHAZO SOCIAL?	QUÉ TIPO DE RECHAZO?	CREE QUE EXISTE MANIPULACIÓN MEDIÁTICA?
9	Historiador	Lo contrario del anterior	sí	Al que la analice bien le ayuda	Sí, para eso está hecha	Barbarie del salto	sí
9	Periodista 1	Sensación de duda. Por qué se tiran al suelo?	sí	Pena, inquietud	Hacen teatro?	-	Podría
9	Político 1	drama	mucho	no	-	-	No
9	Periodista 2	Se me remueven las tripas	sí	Parece una matanza. La cara oscura de la inmigración	sí	Parecen muertos	No
9	Guardia civil 1	Mentira. No está tan mal	puede	mentira	sí	-	Sí

5. Conclusiones

En primer lugar, se han cumplido los objetivos propuestos para esta investigación puesto que se ha descrito el contexto de la ciudad de Melilla respecto a la inmigración irregular; se ha recogido información periodística suficiente como para platear la hipótesis y cuestiones sociopolíticas; se ha evaluado la actividad periodística local y nacional; evaluado y reflexionado sobre la influencia de las fuentes institucionales reflexionado sobre la importancia del lenguaje periodístico.

La conclusión principal es que parece que Melilla no sufrió una invasión de inmigrantes sudafricanos que luchaban o peleaban contra las fuerzas de seguridad del estado para el sometimiento de la ciudad. A partir de esta afirmación y de la información recopilada e interpretada:

Puede afirmarse que los titulares y las fotografías que sugieren significantes como "invasión", "amenaza", "avalancha", "peligro", "violencia"... que aparecen en este estudio deberían haberse corregido o evitado ya que no reflejan la realidad del momento

La información se encuentra limitada, tanto a nivel local como nacional. El mal funcionamiento, intencionado o no, del gabinete de comunicación de la Delegación del Gobierno ofrece información obligada para los medios locales, que no tienen más opción que publicarla porque están sometidos al poder político económicamente. Por otro lado, la información institucional que llega a los medios de ámbito nacional se encuentra sesgada y no puede contrastarse, pues los periódicos locales tampoco van a más allá de lo que debe saberse.

→Esto es un hecho gravísimo de control de la sociedad y de la información que debe ser valorado como tal. Sometimiento al poder político, empresarial y económico. Una verdadera joya de la información corrupta

→No solo no existen noticias de contenido independiente, que quizá fuera mucho pedir, sino que tampoco se consigue informar al lector de los hechos. Se informa, sí, pero sólo de parte del problema.

→Los medios locales lo saben, la sociedad melillense lo acepta. ¿Cómo puede ser una sociedad libre sino existe información veraz? ¿Adónde van los preceptos constitucionales y jurídicos, los valores democráticos de la pluralidad informativa?

→Esta situación tiene un impacto directo a nivel nacional e internacional. La información que se vende es incompleta, equívoca, no veraz, no democrática... Los medios nacionales lo saben pero tampoco invierte en personal especializado o independiente, en corresponsales propios que realicen una buena praxis periodística... La pregunta es la misma, ¿adónde van los preceptos constitucionales y jurídicos, los valores democráticos de la pluralidad informativa?

La era de la información, paradójicamente, está provocando una sociedad desinformada. Ante un número ilimitado de fuentes de consulta (periódicos digitales de libre acceso) el usuario encuentra un número limitado de informaciones, limitadas también en contenido.

Agenda de los medios→Desinformación/bloqueo de información→ Desconfianza en la prensa

La mala praxis periodística es clarísima. No solo por las respuestas de los entrevistados, y las conclusiones anteriores, que ya es más que suficiente, sino por las fotografías que se toman y las que se optan por publicar. Es un problema que se vulneren normas de seguridad y se pretenda el ejercicio de la profesión sin mesura en lo que se supone que es perímetro de seguridad fronterizo. Eso tiene unos riesgos y además supone una conclusión abrumadora: la búsqueda del sensacionalismo y del impacto, bajo un nombre profesional, por encima de los hechos que acontezcan y por encima de la ética del comunicador

Respecto a la publicación de imágenes, los entrevistados afirman considerarlas necesarias, al menos la mayoría. Entienden que las fotografías donde se ven personas heridas son necesarias si suponen una denuncia, al nivel que sea. Es muy importante esta reflexión como respuesta a un posible daño en la sensibilidad de los lectores y existe aquí una doble moral: no publicar esas fotos para no tocar la fibra sensible de la audiencia ni rozar el sensacionalismo frente al carácter de denuncia propio de la actividad periodística

En cuanto a la redacción de los titulares de noticia, ninguno es bien acogido: son catalogados como ambiguos, mentiras, incongruentes, manipuladores.... Muy lejos de la veracidad, la universalidad y objetividad periodísticos. Conceptos y términos elásticos, poco exactos, contradictorios, exagerados y desproporcionados.

Otro problema añadido que, como se ha podido comprobar en este análisis se extrapola a los medios nacionales y que debe preocupar, es la falta de profesionalidad y conciencia periodística –que lejos de ser escasa parece que no alcanza el entendimiento común- en la alegre decisión de fotografiar miembros de seguridad del estado español a cara descubierta y nítida. Esto ya es la materialización de la imprudencia y además a gran escala: el periodista melillense hace una fotografía en la que claramente se puede distinguir al sargento de la Guardia Civil de Melilla. Esto está mal. Pero por si fuera poco, la edición digital de EL PAÍS decide publicar una galería de imágenes donde se incluyen varias tomas con estas características que afectan a otros rangos.

El sometimiento del periodista a un medio de comunicación es terrible, el sometimiento del medio a un poder empresarial o político es peor, pero la solución no es actuar con mala fe y por encima de cualquier precepto periodístico. Tras esta pequeña investigación, sin duda esclarecedora, los periodistas que se sienten comprometidos con la inmigración no dirigen sus esfuerzos a buen cauce, ya que los extranjeros siguen quedando en un plano muy lejano a la realidad, donde ni si quiera se informa de ella, y donde el trabajo de la policía y guardia civil queda en tela de juicio. No se discute la perspectiva desde la que se mira, no se habla del CETI, ni de mafias, ni se le da voz al inmigrante, ni de las carencias de la Ley de Extranjería, ni de nada que no sea un titular mediocre –normalmente suspensos por los entrevistados e inexactos- y una mala fotografía que provoque el impacto, en cualquier sentido y a cualquier precio, en las audiencias.

Pero, ¿cómo puede el periodista resistirse al sistema..?

Breve reflexión particular sobre el periodo de investigación:

Jamás he vivido algo parecido en el ejercicio de mi actividad periodística. Cuando realicé mi segunda entrevista, durante la conversación en la terraza de una cafetería, un coche se paró a nuestro lado y tomó una fotografía. "no te preocupes, son civiles de incógnito. Te han hecho la foto porque estás conmigo. A mí me persiguen. Y seguramente a ti te seguirá ahora un Peugeot blanco. Esto es muy pequeño, aquí todo se sabe", me dijo el periodista al que yo entrevistaba. Un profesional de la información que, dicho sea de paso, ha sido despedido de un medio de comunicación de Melilla por llevar la contraria a la información publicada por la Delegación.

Efectivamente, cuando abandoné la cafetería a pie, un coche me siguió. El mismo que me siguió cuando fui a entrevistar al político y el mismo coche que me siguió hasta la casa del guardia civil cuando acudía a mi entrevista. "¿En qué andas metida, que te siguen los compañeros?", me dijo el Civil cuando llamé a su puerta. "Como te he dicho, esto es solo una tesis doctoral sobre extranjería y medios de comunicación", le dije. No sé si el coche me siguió de nuevo cuando salí de casa del guardia civil. Lo que sí es cierto es que a los pocos días recibí una llamada de la Guardia Civil, yo ya había abandonado Melilla, y me preguntaron si yo sabía algo sobre la llegada a la ciudad de la ONG Médicos del Mundo y unos posibles nuevos saltos a la valla. Para protegerme tuve que enviar la documentación de la matrícula de mi tesis y lo que llevaba trabajado en ella para avalar que mi único interés había sido llevar a cabo una investigación sobre el lenguaje periodístico y la extranjería.

Esta experiencia dice mucho, demasiado, del sistema.

6. Bibliografía

- Fernández Collado, C. & Baptista Lucio, P. (2014). Metodología de la investigación. Sexta edición. México: McGraw Hill. ISBN: 978-1-4562-2396-0. Pág. 92.

- Piñuel Raigada, J. L. & Gaitán Miya, J. A. (1999). Metodología General. Conocimiento científico e investigación en la comunicación social. Primera reimpresión. Madrid: Editorial Síntesis. ISBN: 84-7738-325-1. Págs. 517-520.

- Wimmer, R. D. & Dominick, J. R. (1996). La investigación científica en los medios de comunicación. Cuarta edición. Barcelona: Bosch. ISBN: 84-7676-359-X. Pág. 158.

- Andréu, J. (2002). "Las técnicas de análisis de contenido: Una revisión actualizada". Junta de Andalucía: Fundación Centro de Estudios Andaluces. Págs. 2-3.

Imágenes:

Imagen nº 1

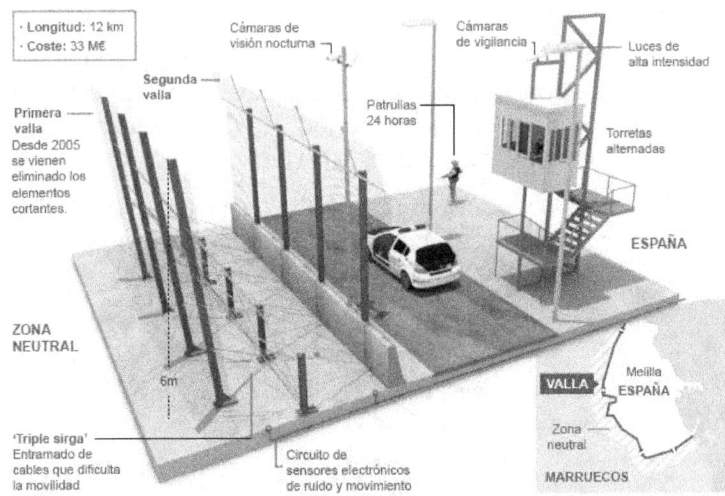

Imagen nº 2

Imagen nº 3

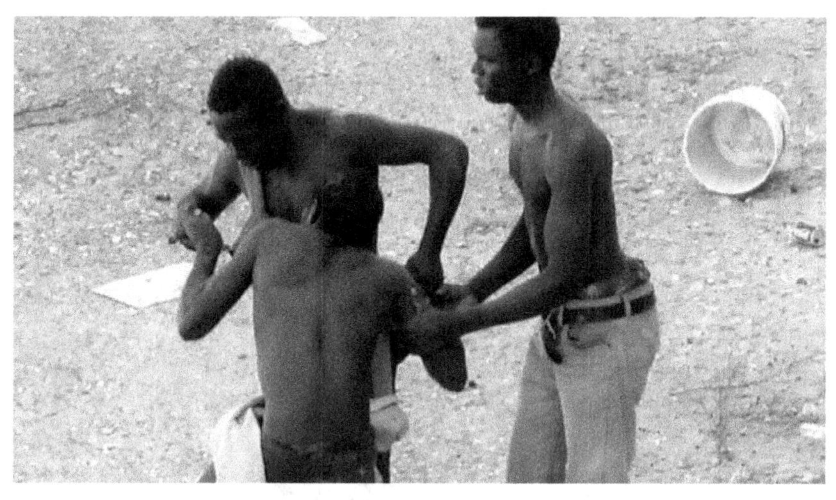

Imagen nº 4

Imagen nº 5

Imagen nº6

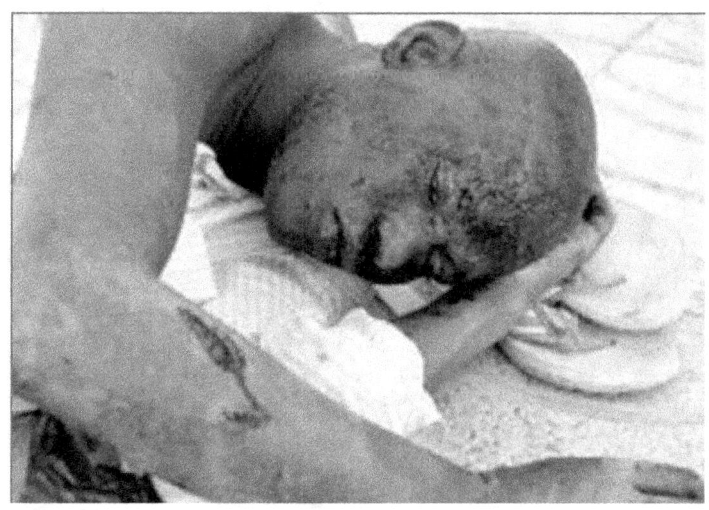

Imagen nº 7

Imagen nº 8

HISTORIA, NARRATIVA Y DISCURSO: EL EXTRAÑO VIAJE COMO IMAGEN DEL FRANQUISMO EN LA VIDA COTIDIANA

Héctor López Hidalgo

Resumen

El presente artículo pretende, por medio del análisis del discurso y la narrativa cinematográfica del *Extraño viaje*, extraer enseñanzas y principios metodológicos para el análisis del mundo cotidiano rural del franquismo, en contraste siempre con el mundo urbano y su evolución. Por tanto, pretende reinterpretar hermenéuticamente la narración cinematográfica como fuente para el estudio histórico de la vida cotidiana.

Palabras clave: Contraste, mundo rural, Franquismo, lo visto y no visto, el punto de vista

Abstract

The following articule aims, through disscursive analysis and cinematographical narrative of *El extraño viaje*, to extract teachings and metodological principles for rural everyday world analysis of franquism, always in constrats with urban world and its evolution. So, it pretrends to reinterpretate hermeneuticly cinematographical narratives as source for historical studies of quotidian world".

Key words: Contrast, rural world, Franquism, seen and not seen, point of view

1. Introducción: Historia, narrativa y el texto verbovisual: Una cuestión de análisis histórico-contextual en el contexto cinematográfico después de la ley de censura de 1963

El contexto del desarrollismo franquista aún no ha sido observado con suficiente claridad. Aunque existen grandes obras sobre el asunto, así como gran cantidad de literatura científica sobre el período, sus protagonistas y otras cuestiones (Tuñón de Lara, 1986; Carr, 2008; Eslava Galán, 2008, Preston, 1990), la vida cotidiana como tal no figura prácticamente en ningún trabajo, no digamos ya la vida cotidiana en el mundo rural. No obstante, es bien cierto que las significaciones y los fenómenos del mundo rural de los años sesenta están plasmados en gran cantidad de films.

La Historia, como disciplina de reconstrucción y reensamblaje del pasado para hacerlo inteligible de cara a la comprensión del presente debe, por tanto, poner en este caso su atención sobre lo cotidiano, lo que ocurre no en la superficie de los hechos, sino aquello que ha sido aprehendido y que posee casi un *Habitus* vital (Bordieu, 2012: 215-235). Por ello hemos escogido el cine y el texto verbovisual como canal esencial de comunicación, significación y creación de sentido para comprender un período de cambios tan profundos en nuestro país.

Como indica el título, la narrativa verbovisual o cinematográfica de la España de los sesenta constituye un ejemplo de imaginación y contrastes a la hora de burlar una censura que, si bien fue eficaz en sus comienzos de inspiración nazi (Neuschäfer, 1991: 9-15), fue relajando sus premisas con respecto a las temáticas, aunque manteniendo férreo control de las producciones de films, así como procurando conciliar una contradicción constante entre un aperturismo económico facilitado por el giro tecnocrático de los planes de estabilización y un conservadurismo a ultranza a la hora de explicar o explicitar en los films. Es como si los valores de la España Eterna (Neuschäfer, 1991: 44-86) se viesen defendidos en una España que pretendía abrirse al exterior para eliminar su imagen inicial de dictadura de corte fascista, al abandonar las directrices económicas autárquicas provenientes de falange.

Por tanto, un contexto no viene nada mal antes de comenzar a desgranar *El Extraño Viaje*. La España de los sesenta marca un hito: Una sociedad que se recupera económicamente de las heridas de la Guerra Civil, así como una sociedad realmente prospera sobre la base de los acuerdos de 1953 con Estados Unidos y del giro tecnocrático dado en 1959, ante la necesidad de apertura para la modernización del país (Brändle Señán, 2007: 75-114). Por tanto, Franco, a través del almirante Carrero Blanco, pretendía legitimar el régimen, ya no en un baño de sangre colectivo, sino en la prosperidad de 25 años de paz, como muestra el texto verbovisual *Franco, ese hombre*.

Del mismo modo, la censura como herramienta de control social y de las producciones culturales también describirá una trayectoria muy interesante. Siguiendo a Freud, la censura fomenta la imaginación y el sueño, ya que en subconsciente es donde se generan las imágenes que nosotros mismos nos hemos "prohibido" a nivel consciente (Neuschäfer, 1991: 44-86). Además, estas surgen de manera velada, es decir, oculta y siempre sujetas a cierto tipo de imaginación. Mencionamos esta cuestión como contexto general de la censura en el franquismo: La necesidad de una producción cultural que se vio sometida a auténticas manipulaciones y cortes que conllevan casi una doble autoría en muchos casos: la del autor empírico de la obra y los retoques del censor (Gubern, 1981: 181-244)[10]. Como bien anticipan

---

[10] Gubern, R. (1981). *La censura*. 1ª edición. Madrid: Ed. Península. Pp. 181-244.

las obras de Lorca, la censura es un proceso inicial y final: primero, el autor procura adaptarse a una autocensura que, más tarde, se verá acompañada de una censura institucional, que para el caso que nos ocupa, había cambiado mucho su parecer y sus objetivos comparada con la censura de los años cuarenta o cincuenta. A través de la censura el contenido narrativo del texto verbovisual se ve constreñido tanto en forma como en contenido, por lo que su discurso y significaciones se verán alteradas, al menos, en lo superficial. A diferencia de su contrapartida nacionalsocialista, la censura española (que comenzó, al igual que la nazi, siendo dependiente del Ministerio del Interior) fue modificándose y pasando de una dependencia administrativa a otra. *El Extraño Viaje* forma parte de la cinematografía de los años sesenta, por lo que la censura a nivel estatal dependía del Ministerio de Información y Turismo, antigua Oficina Central de Propaganda. La tesis de Román Gubern (1981: 181-244) sobre la censura a un nivel jurídico es muy ilustrativa de los cambios de la censura a lo largo de todo el franquismo. Inicialmente dependiente de la ley de prensa de 1938 (de carácter fascista y autoritario), en la primera mitad de los años sesenta y fruto del proceso de apertura y aceleración de las condiciones de asimilación de la modernidad en España, se produce un nuevo código de censura en 1963 de la mano de García Escudero.

Efectivamente, y a diferencia de los anteriores, este código de censura pretendía a nivel formal ser más flexible que la anterior ley, de manera que fuese posible (como lo fue), por ejemplo, dobles producciones de cara al extranjero (más liberadas) y a la producción doméstica (cargadas de cortes). No obstante, el propio Gubern reconoce que la apertura del código de censura fue, más que un trámite que facilitase la producción, un instrumento de carácter aleatorio al servicio del régimen. Ejemplo de ello son los artículos que permiten que una serie de planos (que en principio no tendrían nada de peligrosos), debido al montaje, pudiesen ser tildados de "contrarios al buen gusto" (Gubern, 1981: 181-244). Del mismo modo, esta arbitrariedad, que en el caso de una película podía ser la ruina de los productores debido al dilatado proceso de Consulta Previa (obligatoria hasta 1966) y posterior post-producción, conllevaba una censura previa por parte de los propios autores. No obstante, las prioridades de la censura cambiaron de manera habitual a lo largo del franquismo. Nunca fue una censura reglada y medida, como la nacionalsocialista, sino que simplemente siguió, casi de forma medieval, una serie de cánones de aplicación práctica que tenían, hasta 1966 con la nueva ley de prensa, como prioridades el sexo (la ley de la pureza y la opinión venerable), el respeto al dogma y la mención de política o instituciones en un tono crítico (Neuschäfer, 1991: 44-86). Este fue el orden hasta mediados de los sesenta, en el cual el sexo pasó a ser un problema terciario, pasando las instituciones políticas a primer puesto.

En esta contradicción permanente entre los valores de la España de los años cuarenta y la apertura económica del régimen creó un caldo de cultivo interesantísimo para una serie de cineastas (pensado en el propio Fernando Fernán-Gómez o Carlos Saura) que aprehendieron a desarrollar un estilo de narración y discurso muy particular, el cual, aunque autocensurándose, nos permitiría crear imágenes y metáforas que ejercían una fuerte crítica social, como es el caso de *Ana y los Lobos*, ya en el tardofranquismo. Retornando a los sesenta, a continuación, y habiendo desgranado el contexto del texto, vamos a comprobar como buscando lo que no buscaban los censores, a saber, la vida cotidiana, su significación y cambios dentro del texto verbovisual, podremos extraer algunas pautas para el análisis de la vida cotidiana en cambio en el mundo rural de los años sesenta.

2. Narrativa y discurso de *El Extraño Viaje*: Análisis del socio-semiótico del texto verbovisual

Si lo que pretendemos es extraer la significación y los procesos de comunicación de *El Extraño Viaje* de cara a un análisis de la percepción del mundo rural, tendremos que tener en cuenta un análisis del film para usos heterodoxos. Es por ello necesario recurrir a las disciplinas del análisis fílmico, así como a la semiótica de la imagen y la teoría de la enunciación en un film. Heterodoxo, además, quiere decir que para que el texto sirva a los propósitos de mostrar el mundo rural en contraste con los cambios acaecidos en los años sesenta, es necesario mirar de otra forma. No tenemos que *ver* la película, sino *buscar* dentro de la misma.

Jacques Aumont argumenta que el análisis total o exhaustivo del film es un horizonte de posibilidades y valores, es decir, una utopía (Aumont & Marie, 2009: 96-129). El texto verbovisual posee una serie de interpretaciones como motor del análisis que están sujetas a las posiblidades enunciativas del texto. Por ello es necesario un juicio de carácter seccionador, que descomponga el film sobre la base de aquello que se está buscando mostrar, o aquello que no se muestra pero que está implícito en el texto (Abril, 2010). Por ello entendemos que tanto la tradición peirceana combinada con el análisis enunciativo del film propuesto por Casetti y di Chio (1991:219-262) nos dará las herramientas necesarias para nuestro propósito, a saber, tres momentos de la película que muestran gracias al contraste un mundo rural en cambio, cuya significación debe completar el espectador. Para reensamblar el contenido histórico del texto debemos realizar el análisis enunciativo, de manera que, como argumenta Umberto Eco (1996: 9-33), el juego del lector y el autor (Enunciador y Enunciatario en este caso) propuesto nos sirva como pauta para comprender el período histórico y el porqué de las significaciones sostenidas dentro del texto (Eco, 1987: 5-28).

Antes de comenzar el análisis propiamente dicho, sería bueno dar unas consideraciones previas sobre *El Extraño Viaje*. Si la comunicación es una puesta en común, donde el emisor crear un retrato de sí mismo y su interlocutor, el texto que nos disponemos a analizar conlleva sobreentender determinadas cuestiones. Como ya hemos comentado en el contexto, el desarrollismo es una época de éxodo rural y cambios en la vida cotidiana de los pueblos, glacial hasta los sesenta. El texto que presentamos narra la historia de un asesinato dentro de un pueblo indeterminado. Estrenada en agosto de 1964, un año después del código de García Escudero, y con un guion de Luis García Berlanga y Pedro Beltrán, la película dirigida por Fernando Fernán-Gómez se centra en un crimen pueblerino, un cronotopo esencial dentro del cine de la apertura censora de los años sesenta. El crimen en el mundo rural es un acontecimiento que, como bien recogen la prensa de sucesos de la época, adquiría rango de acontecimiento que rompía con la monotonía de las vidas anodinas en el mundo rural. El texto nos muestra dicho fenómeno en el contexto del mundo rural.

Desde la perspectiva sociosemiótica de la época, la película está diseñada para atraer la atención del espectador sobre el crimen, pero, al mismo tiempo, muestra lo cotidiano de la vida rural a través de estos contrastes. Se deja entrever un universo en el que la modernidad industrial comienza a penetrar en forma de artefactos y significaciones nuevas que la película muestra de manera soberbia. Por tanto, podemos perseguir los rastros históricos presentes en el film a través del discurso y la narrativa (Thompson, 1984: 162-184; Burke, 2010). Se trata de buscar por ello los elementos narrativos que hacen referencia a lo cotidiano. Es, por ello, el contraste el que el revela los factores explícitos para la censura, pero imperceptibles al mismo tiempo, ya que lo cotidiano pasaba por alto como *Habitus* (Braudel, 1990; Bordieu, 1980/1991: 113-135). Se trata de los observado como normal. Por ello vamos a analizar tres momentos esenciales del texto, en los que se concentran estos elementos, a saber, lo cotidiano mostrado en contraste dentro de cronotopos bien definidos, así como sus significaciones complementadas por el espectador o lector. Es por ello una labor de hermenéutica histórica (Gadamer, 2001: 20-67).

El film tiene tres momentos que, como argumenta Bajtín (1989: 393-407), dejan observar la acción y los actantes de manera concentrada. Para nuestros propósitos hemos escogido el comienzo del texto, con la descripción visual del pueblo, el momento en que los músicos se retrasan y la confesión final del crimen.

En el comienzo del film[11] se nos muestra una mirada sobre revistas y prensa de la época, en la que el enunciador nos deja entrever algo profundamente cotidiano en el que el espectador, en su papel de Enunciatario, se ve reconocido. De las revistas mostradas muchas hacen referencias a fenómenos y

---

[11] Corresponde desde los créditos iniciales hasta el 00:07:17.

espectáculos de carácter urbanita, colgados de las paredes de una casa pueblerina: Primer elemento de contrastes y mutación. Todo ello se desarrolla en un plano secuencia que termina con la aparición de un corsé en las manos de la mercera. La siguiente escena muestra en un plano general un pueblo desadoquinado, con algunos modelos de camionetas alrededor de una plaza cuyo centro es una fuente. Está atardeciendo y se comienzan a iluminar las calles. En este espacio se nos lleva de lo más viejo a lo más moderno, como es el recorrido que la mercera y las viejas del pueblo hacen desde su establecimiento al "club el Progreso", que es la sala de bailes del asentamiento. El enunciador nos muestra un espacio rural, cotidiano y lúdico, encuadrado en el fin de semana, que será constantemente un contraste tras otro para Enunciatario. La mercera, en un momento dado dice "¡pues no dice que entre yo!" cuando busca a su ayudante a la puerta del club: una nueva comparación entre una juventud cuya escala de valores y significaciones se ve ubicada dentro de los valores de la censura (ya que este personaje femenino es dulce y se quiere casar, pero al mismo tiempo quiere vivir su vida de una forma menos penitente. En comparación, la mercera y las viejas son figuras de la España de los cincuenta y sesenta del mundo rural, expuestos como serios, fríos y decorosos (Eslava Galán, 2008).

Tras esta discusión, la empleada vuelve a entrar en el club, y entonces se nos muestran diversos planos del mismo, de nuevo, con una constante mezcla entre elementos provenientes del mundo urbano confrontados constantemente con los tradicionales. La música, los movimientos del cuerpo y los entretenimientos son mostrados a través de una serie de planos en los que el Enunciador nos va presentando (como ya hizo con la mercera y su empleada) a los diversos personajes del relato. Esta escena, que incluye lo erótico dentro de la misma, nos muestra el contraste entre los bailes más tradicionales, pegados, lentos, donde los cuerpos están en tensión hierática; con lo urbano, ritmos más cercanos al Rock&roll. Dentro de esto último, el baile de Angelines muestra una personalidad individual, refrescante y con vestimenta urbana, lo que de nuevo se pone en relación con las mujeres que aparecen sentadas en el plano secuencia que introduce el club. El juego de planos del enunciador permite ver las miradas de ellas sobre Angelines, la aprobación o desaprobación por medio de muecas o las caras de asombro cuando se quita los zapatos bailando con el acordeonista de la banda de músicos. Por ello estamos viendo una fiesta de un pueblo, sabemos que existen contrastes constantes y podríamos llegar a creer, como enunciatarios o espectadores modelo, que las formas y experiencias de lo cotidiano mutaban constantemente en su enunciación en un espacio vivo. Con otras palabras, presenciamos un comienzo de un típico pueblo de los sesenta que está lentamente cambiando.

Se trata de dos mundos unificados por los conflictos entre valores y significaciones, el baile de Angelines suscita las miradas de unos viejos que están jugando a las cartas (cuyo rostro deja lugar a pocas dudas) que acaban mirándola bailar. Es muy probable que el sexo en el 1964, como enunciatarios nos hiciese reír, pero lo que no dice esa escena es que, para que se represente eso, es necesario un trabajo de represión. Aquí, el discurso que sitúa en cierto modo a esos viejos como representantes de una cotidianeidad rural pasada que reprimía duramente (de ahí la sorpresa y las largas chupadas al puro cuando Angelines baila) y que pretendía revestirse y transformarse en una apertura de las mentalidades y una unión material con Europa y lo urbano. Del mismo modo, quitarse los zapatos para bailar, aunque fuese por comodidad, muestra cierta libertad en un espacio lúdico. Lo cotidiano aparece por contraste, ya que se basaba en no resaltar, no mostrarse abierto a cambios que pudiesen resultar en mutaciones de los principios de la España Eterna, aunque muchos fuesen tolerados ya en las ciudades. Esa España Eterna, la de los años del miedo y el "no te señales", seguirá siendo el contraste a través del texto.

El segundo espacio del film[12] que vamos a analizar comienza planteando un contratiempo en el fin de semana, ya que los músicos se han retrasado por un accidente en la carretera, como después veremos. El contratiempo, además de los propósitos comunicativos de la trama del texto, también marca irregularidad, tropiezo o corte temporal en la monotonía. El cronotopo, el lugar en donde se concentra la acción, es de nuevo el club y los alrededores. En este caso el enunciador nos muestra un pueblo cuyas reacciones ante la falta de la rutina del divertimiento actúa de forma un tanto violenta. Se nos introduce en la nocturnidad desde un plano general que nos muestra a las viejas y la mercera sentadas en unas sillitas a la puerta de la tienda, así como a los jóvenes y viejos dando vueltas alrededor del club. La descripción realista, técnicamente objetiva, que se hace de este fragmento nos permite comprobar los distintos sentidos de los personajes del film, los cuales son en este caso concreto de nuestro análisis, figuraciones (narradores) que comunican la historia a través de un discurso profundamente cotidiano o constante. Las viejas, por ejemplo, en sus diálogos expresan significaciones tales como "lo que puede el vicio" o "ellos, al fin y al cabo, son hombres y tiene que desahogarse; pero ellas...". El concepto tradicional de la mujer, del pecado de la carne, así como del hombre como animal concupiscente distinto de la mujer como ideal de pureza falangista primero y católico después son comunicados de manera privilegiada por las viejas y la mercera. Dejan entrever un sistema en el que lo respetable, lo antiguo y lo serio son las sólidas bases de la España Eterna. Doña Ignacia, la nobleza y el señorío representados en el pueblo son objeto, en esa conversación, de respeto por lo tradicional, la jerarquía y el orden. Doña Ignacia es el respeto al poder, a los señoritos o a los ricos del pueblo que poseen una casa solariega. "¿Qué

---

[12] Corresponde desde 00:35:52 al 00:43:27.

pensaría doña Ignacia? Estaría avergonzada" son muestras clave de esta moral, que se muestra por medio de la propia enunciación. Ese mismo discurso transluce también el confinamiento de las clases altas rurales, que querían vivir las ansias de libertas y los deseos que el mundo urbano daba, como veremos en la tercera parte del análisis.

A la llegada de los músicos se les recibe con piedras. Nos muestra un pueblo que no es educado, que quiere divertirse, sabemos que los músicos están heridos, pero da igual, y podríamos creer que el enunciador no nos muestra el porqué: El espectador puede completarlo en este caso con la monotonía y la dureza del mundo rural en el que viven. Sus mundos de sentido lúdico giran en torno al baile, que es una forma esencial de relación. "¡Que se levanten, que toquen! ¡Para eso estáis toda la semana trabajando sin retozar!" es una pieza enunciada maravillosa que muestra, de la boca de uno de los viejos esto mismo que hemos mencionado

La aparición de la autoridad, que conllevaría quizá la censura como enunciador secundario través del tratamiento de ésta, se enuncia como la razón sobreviniendo a unos "asalvajados". Las escenas de fuerza de la Guardia Civil nos muestran al orden por medio del contraste. Es necesario el orden porque "Qué pueblo más ordinario" en palabras del alcalde. Lo cotidiano es el control del pueblo, porque no posee autogobierno en las significaciones de la autoridad, por ello lo cotidiano se muestra a contraluz, cuando se rompe porque hay que hacer prevalecer el orden y la ley. De hecho, el alcalde medra en el problema de los músicos que no pueden tocar por estar malheridos. Se le eleva a mediador de las pasiones. La falta del baile, como hemos visto, rompe con lo cotidiano, por ello aparece la necesidad de una autoridad mediadora que vele por la responsabilidad y los valores, confrontados éstos por las bajas pasiones generadas por lo urbanita. La España Eterna tiene mecanismos de control de lo que se puede y no se puede hacer. Los músicos finalmente, vía mediada del alcalde, tocan bailes más castizos. Lo cotidiano del pueblo no necesita tanta diversión, los habitantes se conforman con poco.

En la tercera parte del análisis nos dirigimos directamente hacia la conclusión del film[13], en donde estos mismos contrastes de valores se verán en la confesión del asesinato de los hermanos de doña Ignacia al juez, ya que el enunciador nos pone al músico como narrador que nos cuenta los hechos. Comenzaremos por argüir que la autoridad judicial marca el comienzo del descubrimiento del crimen. De nuevo, aparece un costumbrismo que, seccionado y fraccionado para los propósitos del análisis histórico, permite observar los comportamientos cotidianos y el flujo de informaciones que unos personajes saben y otros no. Aquí podemos mencionar la aportación de in-

---

[13] Corresponde de 01:10:07 al 1:18:25.

formación del asesinato, en el que los viejos actúan como un narrador colectivo. No obstante, la confesión nos muestra al guitarrista como narrador y al juez como narratario la mayor parte de las veces, el cual es representado como imparcial y deseoso de conocer la verdad.

La cotidianeidad de las clases altas del pueblo, en este caso una suerte de antigua nobleza terrateniente venida a menos por su falta de casamientos y su férrea moral se verán, de nuevo, alterados. En primer lugar, por la aparición de los músicos (el guitarrista) que hará de Ignacia un símbolo esencial. Ignacia significa la mujer mayor, fría y dura en apariencia, cuyo ser así ser libre y experimentar inquietudes, frente a la quietud y apariencia glacial del pueblo. Su status le impide ser quien ella quiere ser. La cotidianeidad opresiva de su función social se rompe con la aparición del músico en su casa. Ignacia y el guitarrista mantienen una relación, aunque no se muestre, en la que él hace sentir más joven a Ignacia, lo que se plasma en el vestido: Pasa de una ropa oscura y negra a una moda muy parisina. Un aspecto juvenil frente a las formas oscuras para salir al pueblo. La felicidad que comunica su rostro, en contraste con otros momentos de la película, se basa en la ruptura de esa moral estricta, en su elemento lúdico que tiene como utopía escapar de la represión cotidiana del pueblo. El guitarrista confiesa al juez que "Empezó a salir a flote su manía contenida durante tantos años". Esa manía era ver moda, desfiles, y hacer posar al músico con trajes de mujer. "Los trapos", "Me hacía que la pasara los trajes como si fuera una modelo". Él era la ruptura de lo cotidiano para Ignacia, ya que a través de esos actos podía escapar del pueblo. también porque "los trapos", de estilo parisino, y algo pícaros, significan en el texto, de nuevo, urbanidad. La modernidad industrial de Europa y los intentos por acercase se traducen en "Cuando nos vayamos a Paris" o en "Tú dices que en el extranjero no soy vieja".

3. Conclusión: La cotidianeidad como rastros históricos.

Nuestro análisis ha sido, como anunciamos al principio, heterodoxo e incluso algo disperso. Pero como hemos podido comprobar, el centrase en tres momentos esenciales, sin necesidad de aludir exactamente a la trama, sino a cómo eran comunicados narrativa, secuencial y discursivamente las significaciones contenidas en el texto verbovisual permite que lo cotidiano sea percibido por medio de constantes contrastes. El retraso de los músicos, el crimen o la confesión marcan momentos de ruptura que muestran los sistemas de significación en juego, los cuales se adaptan y traducen constantemente los unos a los otros.

El Extraño Viaje nos muestra, analizando someramente los fragmentos seleccionados, un mundo rural cotidiano expresado a través de la comparación, en los que el enunciador comunica la trama al enunciatario por medio de distintos recursos. Si somos capaces de esquivar ese juego, podemos comprobar efectivamente rasgos, significaciones y aspectos sobre lo cotidiano en los pueblos y el deseo de libertad que se significaba en cualquier elemento urbano como rasgos característicos del pensamiento del espectador español de los años sesenta. Esto nos lleva, más allá de la intención de la obra, hacia un análisis histórico de estas significaciones y traducciones culturales. La censura precisamente agudiza el ingenio de los creadores, haciendo posible la desviación de lo sociopolítico a elementos cotidianos, en donde el censor no era capaz de penetrar.

De hecho, y sobre la base de este análisis, es posible desarrollar nuevas investigaciones para comprobar si las significaciones, discursos, cronotopos y espacios representados en el texto verbovisual poseen algún tipo de correspondencia con la realidad rural, a la cual debemos acceder cuidadosamente desde la actualidad. Las significaciones cinematográficas nos permiten un acceso desde una obra completa y hasta cierto punto, un rastro de un mundo extinto (Benjamin, 2003). Podríamos, por ejemplo, investigar sobre grupos dentro del pueblo, las significaciones de estos, así como sus prácticas, textos y artefactos que hacían de sus valores algo vivo (Levi, 2012: 119-144). El cine del franquismo es una ventana abierta hacia una microhistoria de lo cotidiano en el mundo rural, a través de las situaciones que lo ponen al descubierto (Foucault, 2008)

Como elemento final, la cultura a través de lo cotidiano se establece en el texto como un ecosistema de procesos de semiosis; se trata de una semiosfera lotmaniana en la que las significaciones cotidianas quedan articuladas por los sucesos que las alteran (Lotman, 1996: 21-42). Por ello la tarea de lo cotidiano consiste en una labor de reensamblaje de la memoria a través de los rastros que anacrónicamente perviven en nuestra actualidad (Benjamin, 2004). La historia oral y el cine son los elementos esenciales para esta tarea, la cual hemos pretendido hacer más inteligible por medio del análisis de *El Extraño Viaje*.

4. Anexo bibliográfico

Monografías:

- Abril, G., (2010). Análisis crítico de textos visuales. Mirar lo que nos mira. 1ª edición. Madrid: Ed. Síntesis.

- Benjamin, W., (2003) La obra de arte en la época de su reproductibilidad técnica, 1ª edición. México: Ed. Ítaca.

- Benjamin, W. (2004). El autor como productor. 1ª edición. México: Ed. Ítaca.

- Braudel, F. (1990). La dinámica del capitalismo. 2ª edición. México: Ed. Fondo de Cultura económica.

- Burke, P. (2010). Hibridismo cultural. 1ª edición. Barcelona: Ed. Akal.

- Casseti, F., & Di Chio, F. (1991). Cómo analizar un film. 1ª edición. Barcelona: Ed. Paidós

- Eco, U. (1996). Seis paseos por los bosques narrativos. 1ª edición. Barcelona: Ed. Lumen

- Eslava Galán, J. (2008). Los años del miedo. 1ª Edición. Barcelona: Ed. Planeta.

- Foucault, M. (2008). Nietzsche, la Historia, la genealogía, 1ª edición. Madrid: Ed. Pre-Textos.

- Gubern, R. (1981). La censura. 1ª edición. Madrid: Ed. Península.

- Preston, P. (1990) Franco. Caudillo de España. 2ª edición. Madrid: Ed. Taurus.

- Neuschäfer, H-J. (1991). Adiós a la España Eterna. 1ª edición. Madrid: Ed. Anphropos

- Thompson, E.P. (1984). Tradición y revuelta de clase. 1ª edición. Barcelona: Ed. Crítica.

- Tuñón de Lara, M. (1986). España bajo la dictadura franquista. 1ª Edición.

Capítulos de libro:

- Bajtín, M, (1989). "Las formas del tiempo y del cronotopo en la novela. Ensayos de poética histórica". En: Bajtín, M. (1989). Teoría y estética de la novela. 1ª edición. Madrid: Ed. Taurus. Pp. 393-407.

- Bourdieu, P. (1980/1991). "La creencia y el cuerpo". En: El sentido práctico, Madrid: Ed. Taurus. Pp. 113-135.

- Bordieu, P., (2012). "Tres maneras de distinguirse". En: La distinción. Criterios y bases sociales del gusto. 3ª edición. Madrid: Ed. Taurus. Pp. 215-235.

- Carr, R. (2008). "Franco y el Franquismo". En: España: 1808-1975. 15ª Edición. Barcelona: Ed. Ariel. Pp. 560-600.

- Levi, G. (2012). "Sobre microhistoria". En: Burke, P. (2012). Formas de hacer Historia. 1ª edición. Madrid: Ed. Alianza, Pp. 119-144.

Artículos de revistas:

- Brändle Señán, G. (2007). "Consumo y cambio social en España: evolución en el equipamiento doméstico (1983-2005)". En: Reis, Nº 120, Pp. 75-114.

- Eco, U. (1987). "El extraño caso de la intentio lectoris". En: Revista de Occidente, Nº 69, Pp. 5-28.

CAPÍTULO V

LA NUEVA HISTORIA Y EL PERIODISMO NARRATIVO COMO FUENTE DEL CONOCIMIENTO EN LOS PROCESOS DE INVESTIGACIÓN

Jesús López de Lerma Galán
Universidad Rey Juan Carlos

RESUMEN

La investigación científica está desarrollando nuevos enfoques y metodologías docentes para acercar el conocimiento a los alumnos. En este contexto, la Nueva Historia y el periodismo narrativo supone un cambio innovador en el campo científico. Este articulo explica los avances en innovación docente, así como los nuevos procesos de actualización de textos que sirven para reconstruir la dimensión histórica.

Palabras claves: Historia, narración, ley, docencia, método.

ABSTRACT

Scientific research is developing new approaches and teaching methodologies to bring knowledge to the students. In this context, the New History and narrative journalism implies an innovative change in the scientific field. This article explains the advances in teaching innovation, as well as the new processes of updating texts that serve to reconstruct the historical dimension.

Key words: History, narrative, law, teaching, method.

1. LA DEFENSA DE LA HISTORIOGRAFÍA COMO MÉTODO CIENTÍFICO.

La expresión de ideas en libertad y la necesidad de comunicarlas a los demás, son derechos inherentes en el hombre, pero no será hasta los siglos XVII y XVIII cuando se empiece a reflexionar sobre estas cuestiones, apoyando estas ideas con fundamentos racionales y lógicos propios de una formulación jurídica. La historiografía, entendida como la disciplina que estudia la historia, sus métodos y objetivos a lo largo del tiempo, ha ocupado un lugar central entre las preocupaciones de los investigadores. Frente al paradigma positivista de Leopold von Ranke (1795-1886), que confía en el pleno conocimiento del pasado a través de las reliquias que de este quedan, como son los documentos históricos, surgen en el siglo XX una serie de disciplinas científicas, escuelas y movimientos que se pueden encuadrar bajo la denominación común de *Historia Social*, en la que se comprende el acercamiento metodológico que se propone en esta investigación. En los trabajos científicos la presencia del método es una exigencia de racionalidad para la comprensión de un objeto. Es esencial en toda investigación partir de un procedimiento que aplique un orden sistemático de estudio, de ahí se infiere que, en el caso de este trabajo, apliquemos el método histórico. Hay que señalar que frente al fervor historicista del XIX, el siglo XX se ha caracterizado por el cuestionamiento incesante acerca del método histórico.

La permanente conexión entre historia y ciencias sociales es parte del esfuerzo de los historiadores por mejorar la capacidad cognitiva de sus recursos y por asegurar la fiabilidad y duración de los resultados de su investigación, incrementando la validez de sus escritos. Se apuesta por reforzar su inteligibilidad mediante procedimientos explicativos, aportando al mundo científico un nuevo trabajo que se caracteriza por su novedad y sistematicidad. La historia se presenta como una forma de conocimiento con sus características propias, en un esfuerzo por crear puentes de enlaces entre los mecanismos enfrentados de la explicación y la comprensión[14]. Para el filósofo Thomas

S. Kuhn, la historia es explicativa, no porque sus narraciones caigan bajo leyes generales, sino porque el lector a la vez que sabe qué sucedió le encuentra sentido, es decir, hay todo un proceso de explicación y significación[15], en la propia investigación.

---

[14] HERNÁNDEZ SANDOICA, Elena: *Tendencias historiográficas actuales. Escribir historia hoy*, Akal, Madrid, 2004, pp. 72-73.

[15] KUHN, Thomas S.: "The Relations between History and the Philosophy of Science" en *The Essential Tensión*, University of Chicago Press, Chicago, 1977, pp. 17-18.

2. LA NUEVA HISTORIA Y EL PARADIGMA HISTORIOGRÁFICO.

En la actualidad es difícil establecer una definición unívoca del paradigma historiográfico. Dentro del trabajo y el concepto de *historiador* se engloban una variedad de metodologías y especializaciones, que crecen al amparo de confrontaciones científicas. Hernández considera que esa variedad es consecuencia de la constante influencia de las ciencias sociales. La historia es hoy poliédrica, debido a los distintos ingredientes que en ella toman parte; es variada, tanto en cuanto a los elementos empíricos que la vertebran como forma de conocimiento o disciplina normalizada, como en lo referente a sus horizontes teóricos y filosóficos. Estos, aunque difusos y casi nunca explícitos, son siempre reconocibles como referentes o inspiradores de la obra realizada. Apenas es preciso decir, finalmente, que toda esa pluralidad y variedad de resultados remiten a la constante influencia de las ciencias sociales, con sus diversas perspectivas y enfoques cruzados[16]. El modelo de estudio científico conocido como la *Nueva Historia* es una corriente desarrollada en los años sesenta que planteaba objeciones a los métodos y objetivos de la *historia científica*. Esta nueva corriente bifurca la práctica historiográfica en diversas líneas con las que se identificarían algunos de los objetivos y metodologías desarrollados en el trabajo.

La *Nueva Historia* como metodología es el reencuentro con la *exposición narrativa de los hechos*. Frente al tecnicismo científico recuperamos la *Historia* a través de la literatura, mediante un hilo narrativo en la redacción de los hechos que puede ser entendido de dos maneras; como una ruptura posmoderna contra la *Historia-Ciencia* y valoración de la figura del historiador convertido en mediador inevitable entre los hechos y el relato de los mismos, o bien como peligrosa involución hacia una historia aproblemática, superficial, escrita para disfrute y congratulación de las elites ilustradas. Esta última posibilidad significaría caer en el llamado *giro lingüístico*, término popularizado por el pragmatista Rorty[17], entendido como la recreación de la historia, la conversión del trabajo histórico en un bello relato.

Hay que señalar que en nuestros días hay posturas extremas que vaticinan el fin de la historia basándolo en lo que hemos denominado como el *giro lingüístico*, esto es, la reducción de la escritura histórica a mero discurso y, como tal, y a la luz de las modernas teorías deconstruccionista en torno al

---

[16] HERNÁNDEZ SANDOICA, Elena: "A propósito del retorno del historicismo. Consideraciones sobre la historiografía actual", *Cuadernos de Historia Contemporánea. Núm. Extraordinario*, Universidad Complutense, Madrid, 2003, p. 18.

[17] Véase RORTY, Richard: *El giro lingüístico*, Paidos, Barcelona, 1990.

discurso, a mera elaboración del lenguaje. Chartier considera que *"la historia no aporta más (ni menos) verdadero conocimiento de lo real que una novela, y es totalmente ilusorio pretender clasificar y jerarquizar las obras de los historiadores en función de criterios epistemológicos indicando su mayor o menor relevancia a la hora de dar cuenta de la realidad pasada, lo que constituye su objeto"*[18]. Ese retorno a la narración se basa en una fundamentación que sitúa a los acontecimientos en su contexto original. Samuel mantiene que el lenguaje de las fuentes debe descodificarse y las líneas de asociación volverse a trazar por parte del historiador. Sobre esta base, el papel del historiador adquiere especial relevancia pues debe ocuparse del estudio de fenómenos y significados ambiguos en la historia. Para ello, utilizará como instrumentos metodológicos la narrativa o la descripción, que por muy humilde que sea su rango en una teoría del conocimiento, son una parte esencial en el trabajo del historiador[19], que ayudará a mejorar la interpretación y el conocimiento sobre un hecho o suceso histórico.

La historia ha aspirado a una *literaturización*, a convertirse en un género narrativo preciso, aunque abierto y flexible, sujeto a las reglas comunes de la persuasión y la comunicación. La narratividad viene representada por una dualidad de voces o protagonistas, establece una regularidad, es decir un carácter repetitivo y comparable de los acontecimientos narrados que proporciona a la historia un valor ejemplar como elemento de enseñanza, y que le otorga una posible dimensión teórica de búsqueda acumulativa de enseñanzas futuras y explicaciones. Maquiavelo en su obra *El Príncipe*, aprovecha ese importante hilo conductor de la narración y lo recrea haciéndolo más práctico, así considera que la instrucción de la vida y la experiencia de la historia

"antigua" es propedéutica, además de política y con aspiraciones a ser moral[20].

 Stone ha explicado las direcciones de la *Nueva Historia*, partiendo de la extrema diversidad de planteamientos. Así podemos explicar que hay síntomas de cambio en el tema central de la Historia: de las circunstancias que rodean al hombre a la consideración del hombre en sus circunstancias, cambio en los problemas estudiados: de lo económico y demográfico a lo

---

[18] CHARTIER, Roger: "Narración y verdad. La Historia como discurso construido como la ficción, pero que a la vez produce enunciados científicos", *El País*, Temas de Nuestra Época, 29 de julio 1993, pp. 3-4.

[19] Cfr. MORALES MOYA, Antonio: "Biografía y narración en la historiografía actual", en VV.AA.: *Problemas actuales de la Historia*, Universidad de Salamanca, Salamanca, 1993, p. 252.

[20] HERNÁNDEZ SANDOICA, Elena: *Tendencias historiográficas actuales...*, op. cit., p. 107.

cultural y emocional; cambio en las fuentes principales de influencia: de la sociología, economía y demografía a la antropología y psicología; cambio en el sujeto del grupo al individuo, cambio en los modelos explicativos de la mutación histórica: de lo estratificado y unicausal a lo interconectado y multicausal; cambio en la metodología: de la cuantificación de grupo al ejemplo individual; cambio en la organización: de lo analítico a lo descriptivo; y cambio en la categorización del papel del historiador, de lo científico a lo literario*[21]*.

White señala que la narrativa, en el ámbito de los estudios históricos, no ha sido tomada ni como producto de una teoría ni como la base de un método, sino más bien como una forma de discurso que puede o no utilizarse para la representación de los acontecimientos históricos, en función de si el objetivo primario es describir una situación, analizar un proceso o bien contar una historia. Basándonos en esta idea la cantidad narrativa será mayor en los relatos que tienen por objeto contar una historia, al menos en los que pretenden proporcionar un análisis de los acontecimientos de que trata. Lo que distingue a las historias "históricas" de las "ficcionales" es ante todo su contenido, en vez de su forma. El contenido de las historias históricas son los hechos reales, hechos que sucedieron, en vez de hechos imaginarios inventados por el narrador[22], lo que supone un nuevo enfoque.

3. LA NARRATIVIDAD EN EL PROCEDIMIENTO COGNITIVO. EL RESURGIMIENTO DE LA HISTORIA NARRATIVA.

En las últimas décadas más de un autor ha defendido la *narratividad* como procedimiento cognitivo, valorando el carácter literario del texto histórico. Estudiosos como Alun Munslow, apoyado principalmente en los posicionamientos de Foucault y White, afirman que el pasado ni se descubre ni se encuentra por el historiador, sino que viene a ser creado y representado por éste como un texto que a su vez es consumido por el lector[23]. Hay un resurgimiento de la historia narrativa una vez que se ha perdido la fe en los modelos deterministas de explicación. El historiador al escribir teje una realidad que es la suya propia, correspondiendo al lector interpretarla y establecer las relaciones más adecuadas[24], para crear un nuevo producto

---

[21] STONE, Lawrence: *El pasado y el presente*, FCE, México, 1986, p. 120.

[22] WHITE, Hayden: El contenido de la forma. Narrativa, discurso y representación histórica, Paidós, Barcelona, 1992, p. 42.

[23] HERNÁNDEZ SANDOICA, Elena: *Tendencias historiográficas actuales...*, op. cit., pp. 98-99.

[24] MORALES MOYA, Antonio: "Biografía y narración en la historiografía actual...", op. cit., pp. 233 248.

La búsqueda de fórmulas comunicativas que tuvieran una mayor facilidad de aprehensión y una capacidad de producir satisfacción al lector hizo que se reivindicara la narrativa como forma de conocimiento de la historia. Una de las ventajas de estas nuevas formas de comunicar los resultados de una investigación histórica es su amenidad. Frente a los estudios estructurales y cuantitativos que pueden resultar especialmente complejos para cualquiera que no sea un especialista, esta nueva forma de presentar una investigación puede ser tan atractiva como leer una novela[25].La narrativa puede ser entendida como un metacódigo, un universal humano que sirve de base para transmitir mensajes transculturales acerca de la naturaleza de una realidad común. Ante esta situación se puede inferir que la falta de capacidad narrativa o el rechazo de la narrativa, indica una falta o rechazo de la misma significación[26].

Es necesario matizar que, para que la narración de los acontecimientos se considere una verdadera historia, no basta con que se exhiban todos los rasgos de la narratividad. El relato debe manifestar un adecuado interés por el tratamiento juicioso de las pruebas y debe respetar el orden cronológico de la sucesión original de los acontecimientos, además, deben revelarse como sucesos dotados de una estructura, un orden de significación que no poseen como mera secuencia[27]. El principal problema de la *narratividad* reside en descubrir hasta qué punto esa modalidad enunciativa determina el contenido de los discursos. Para autores como Gadamer o Ricoeur la narración es una estrategia cognitiva en sí misma[28], y aunque puede tener elementos literarios que vicien la realidad de los hechos, también puede aportar datos de gran interés.

4. REFLEXIONES Y VALORACIONES FINALES

El concepto de narración como estrategia discursiva en sí misma nos aboca a la conclusión de que el discurso narrativo no es tan sólo un medio utilizado por el investigador para exponer las explicaciones del pasado sino un modo de organizar esos hechos[29]. Hay un proceso de actualización de textos

---

[25] SEPÚLVEDA MUÑOZ, Isidoro: "Tendencias historiográficas en el siglo XX", en CASADO QUINTANILLA, Blas: *Tendencias historiográficas actuales*, Universidad Nacional de Educación a Distancia, Madrid, 2005, pp. 112-113.

[26] WHITE, Hayden: *El contenido de la forma...*, op. cit., p. 17.

[27] *Ibídem*, pp. 20-21.

[28] Véase RICOEUR, Paul: *Tiempo y narración*, 2 vols, Siglo XXI, México, 1995.

[29] MORALES MOYA, Antonio: "Formas narrativas e historiografía española", en PÉREZ LEDESMA, Manuel.: *La Historia en el 93*, Ayer, 14, 1994, pp. 16-17.

que sirve para reconstruir la dimensión histórica, y aportar al lector un referente que le ayude a comprender los hechos[30]. La distribución de los acontecimientos, pretende ordenar y organizar una serie de sucesos o procesos relatados en diferentes sesiones y dilatados en el tiempo. Esa tarea de recopilación, análisis e interpretación que se realiza en la investigación, tiene como fin ofrecer al lector un relato narrativo uniforme que le permita comprender plenamente el hecho histórico.

Existe una íntima relación entre ley, historicidad y narratividad. La narratividad presupone la existencia de un sistema legal en contra o a favor del cual pudieran producirse los agentes típicos de un relato narrativo. Esto plantea la sospecha de que la narrativa en general, desde el cuento popular a la novela, desde los anales a la historia plenamente realizada, tiene que ver con temas como la ley, la legalidad, la legitimidad o la autoridad. Así el escritor, cuanto más históricamente consciente de si mismo sea de cualquier forma de historiografía, más le incumbe la cuestión del sistema social y la ley que lo sostiene, la autoridad de esta ley, su justificación, y amenazas[31]. Ese interés del historiador por el sistema social y la ley que rige las relaciones humanas va a implicar un desarrollo de la conciencia histórica y de la capacidad narrativa.

Hay que tener presente que el relato, relaciona sucesos y crea una trama, produciendo o construyendo el "sentido". Frente a historiadores que han mantenido que la narración es una forma demasiado elemental de discurso para satisfacer las exigencias de cientificidad, hay autores como Ricoeur que, por el contrario, sostienen el carácter narrativo de la historia. Así se afirma que toda historia es relato y exige una narración coherente respecto a la construcción interna de los hechos como respecto a la documentación en la que se va a apoyar[32]. Para el historiador narrativo, el método histórico consiste en investigar los documentos a fin de determinar cuál es la historia verdadera o más plausible, que puede contarse sobre los acontecimientos.

---

[30] CHARTIER, Roger: El orden de los libros. Lectores, autores, bibliotecas en Europa entre los siglos XIV y XVIII, Gedisa, Barcelona, 1994, pp. 24-25.

[31] WHITE, Hayden: *El contenido de la forma…*, op. cit., p. 28.

[32] MORALES MOYA, Antonio: "Biografía y narración en la historiografía actual…", op. cit., p. 253.

5. BIBLIOGRAFÍA.

- CHARTIER, Roger: *El orden de los libros. Lectores, autores, bibliotecas en Europa entre los siglos XIV y XVIIl*, Gedisa, Barcelona, 1994.

- CHARTIER, Roger: "Narración y verdad. La Historia como discurso construido como la ficción, pero que a la vez produce enunciados científicos", *El País*, Temas de Nuestra Época, 29 de julio 1993.

- HERNÁNDEZ SANDOICA, Elena: *Tendencias historiográficas actuales.*

- *Escribir historia hoy*, Akal, Madrid, 2004.

- HERNÁNDEZ SANDOICA, Elena: "A propósito del retorno del historicismo.

- Consideraciones sobre la historiografía actual", Cuadernos de Historia Contemporánea. Núm. Extraordinario, Universidad Complutense, Madrid, 2003, pp. 17-24.

- KUHN, Thomas S.: "The Relations between History and the Philosophy of Science" en *The Essential Tensión*, University of Chicago Press, Chicago, 1977.

- MORALES MOYA, Antonio: "Formas narrativas e historiografía española", en PÉREZ LEDESMA, Manuel.: *La Historia en el 93*, Ayer, 14, 1994, pp. 13-32.

- MORALES MOYA, Antonio: "Biografía y narración en la historiografía actual", en VV.AA.: *Problemas actuales de la Historia*, Universidad de Salamanca, Salamanca, 1993, pp. 229-257.

- RORTY, Richard: *El giro lingüístico*, Paidos, Barcelona, 1990.

- SEPÚLVEDA MUÑOZ, Isidoro: "Tendencias historiográficas en el siglo XX", en CASADO QUINTANILLA, Blas: *Tendencias historiográficas actuales*, Universidad Nacional de Educación a Distancia, Madrid, 2005.

- STONE, Lawrence: *El pasado y el presente*, FCE, México, 1986.

- WHITE, Hayden: *El contenido de la forma. Narrativa, discurso y representación histórica*, Paidós, Barcelona, 1992.

CAPÍTULO VI

MEMORIAS EN BLANCO Y NEGRO, PERIODISMO NARRATIVO DEPORTIVO EN UN DIARIO CONVENCIONAL: ESTUDIO DE CASO

José Antonio Martín Matos
Euskal Herriko Unibertsitatea / Universidad del País Vasco

RESUMEN

El periodismo narrativo trata, desde hace años, de contar las historias, las noticias, de otra manera, donde cobran importancia el uso del lenguaje, próximo al literario, la forma del texto, el ritmo de la narración y el clima o atmósfera que lo envuelve. En este género híbrido cabe cualquier contenido, pero suele ser un formato alejado de los contenidos deportivos, más dados a la noticia simple e inmediata o a la crónica-resumen de una competición. Sin embargo, *El País* mantiene desde hace unos años *memorias en blanco y negro*, donde el director del diario *As*, Alfredo Relaño, reconstruye viejas historias del fútbol y del deporte de otras épocas. Emplea para ello un lenguaje narrativo apenas utilizado en los contenidos deportivos, con un tratamiento muy personal del ritmo y de las palabras elegidas, al tiempo que dosifica los puntos de interés para finalizar con un desenlace muy bien argumentado; en ocasiones estos artículos pueden parecer atractivos relatos breves.

En la presente comunicación se propone un análisis de los textos publicados por Relaño durante seis meses, para dejar constancia del uso de elementos y recursos literarios frente al léxico y giros propios de los contenidos deportivos. Se estudiará también la importancia que *El País* da a estos artículos, así como su presencia en internet. A pesar de la juventud del género, vinculado a menudo al nuevo periodismo inaugurado por Truman Capote o su presencia en Latinoamérica vía Gabriel García Márquez, su aspecto literario o narrativo sigue desarrollándose en nuevos ámbitos, como el deportivo. Esta comunicación pretende ubicar el estado de la cuestión a través de uno de sus mejores ejemplos: *memorias en blanco y negro*, con el fútbol como principal materia prima.

Palabras clave: Alfredo Relaño, periodismo narrativo, *El País*, fútbol, periodismo literario

1. INTRODUCCIÓN

El presente trabajo pretende, ante todo, acercarse a un apartado de la prensa diaria donde el protagonismo del llamado periodismo narrativo o periodismo literario resulta un tanto excepcional. Se trata de la sección firmada habitualmente por Alfredo Relaño en las páginas de los lunes de *El País* bajo el título de *memorias en blanco y negro*.[33] En este apartado el autor, reconocido periodista del mundo deportivo, recupera ciertos episodios de los años 50, 60 y 70 a partir de una narración literaria unida a los habituales elementos del periodismo deportivo.

Alfredo Relaño nació en Madrid en 1951 y tras pasar por varias facultades se decantó por el periodismo. Trabajó en *Marca, Mundo Deportivo, Pueblo* y *Arriba*, antes de formar parte del equipo fundacional del diario *El País*. En 1987 se incorpora a la Cadena SER como redactor jefe de Deportes, donde impulsa la creación de "El larguero", el programa deportivo de mayor audiencia en la radio española. Dos años después pasa al equipo fundacional de Canal +, en calidad de director de Deportes. A partir de 1996, tras la compra del diario *As* por parte del grupo Prisa, Relaño se convierte en su director. Ha publicado, entre otros libros, *El fútbol contado con sencillez* (Maeva, 2002), *366 historias del futbol mundial que deberías saber* (Martínez Roca, 2012) y *Memorias en blanco y negro* (Córner, 2014).

2. CAMPO DE TRABAJO

Para contextualizar la presente comunicación se ha optado por reunir todos los artículos publicados en el segundo semestre de 2016, lo que supone una selección de los 26 textos difundidos entre el 3 de julio y el 25 de diciembre. Como es habitual en estos estudios de caso, se analizarán los contenidos desde un punto de vista cuantitativo y, fundamentalmente, cualitativo; no hay que olvidar que el principal interés reside en confirmar la pertenencia de estos artículos al llamado periodismo narrativo, también denominado, sobre todo en América Latina, periodismo literario.

A modo de complemento, se incluirá, asimismo, una aproximación al conjunto de artículos tal como aparecen en la versión digital del periódico, para señalar algunas características especiales, como el uso de enlaces, fotografías diferentes en la versión *online*, etc.

---

[33] *memorias en blanco y negro*, en minúsculas en la titulación original en la versión impresa.

3. METODOLOGÍA

El proceso metodológico hace uso de los dos análisis más habituales en este tipo de estudio: el cuantitativo por un lado y el cualitativo por otro. Ambos estudios generarán datos que ayudarán a obtener los resultados finales, de los que se extraerán las correspondientes conclusiones.

Para el proceso cuantitativo, centrado asimismo en aspectos relacionados con el formato y la maquetación, se ha confeccionado una ficha en la que se reflejan diferentes apartados físicos y espaciales de cada artículo.

Por otra parte, el análisis cualitativo se centra en el estudio de los elementos que sirven de base, de manera tradicional, al análisis de texto. A partir de las aportaciones de Carlos Reis, los artículos de Alfredo Relaño serán analizados fundamentalmente en la forma, más que en el fondo o contenido. Se trata, en cualquier caso, de comprobar que el periodista hace uso de recursos de la literatura para dar forma a sus artículos y ver si se pueden encuadrar en ese macrogénero surgido de la hibridación de la crónica, la entrevista y el reportaje como elementos más destacados. Se hará, a través de numerosos ejemplos, una aproximación al uso del tiempo, muy peculiar en el periodismo narrativo, y de los recursos literarios (estructura, descripciones, diálogos...) o sus figuras (metáforas, enumeraciones, retratos, símiles, hipérboles, exclamaciones, etc.). Y una vez conseguida esta información se contrastará con los elementos definitorios del llamado Nuevo Periodismo que, formalmente, se emplean también en el Periodismo Narrativo.

4. MARCO TEÓRICO

En una primera aproximación al concepto de periodismo narrativo, los autores se encuentran con una primera dificultad: la de su definición. Leila Guerriero ofrece un cierto contexto: "la certeza de creer que no da igual contar la historia de cualquier manera", a lo que añade que se trata de "una mirada, ver algo que todo el mundo no ve, la certeza de contar algo" (2014). Añade Cuartero Naranjo que "podemos entender por Periodismo Literario aquellos textos que, sin abandonar su propuesta de informar y contar una historia verídica, lo hacen utilizando herramientas literarias (...) de forma que construyen una estructura narrativa tan atractiva como la de cualquier texto de ficción, pero siempre sin abandonar sus principios veraces" (2014: 14). López Pan y Rodríguez Rodríguez van más allá y definen este tipo de periodismo como macrogénero, ya que suele valerse de la crónica, el artículo, la entrevista, el reportaje, el perfil o las novelas reportaje o las de no ficción (2010: 27).

Añade Angulo Egea en el prefacio de su recopilación *Crónica y mirada. Aproximaciones al Periodismo narrativo* (2013: 8):

El cronista se toma su tiempo. Hurga en el pasado. Cambia el foco y se ocupa de los márgenes, de las historias de vidas mínimas (que se vuelven máximas), para tratar de comprender, para dar cuenta de los porqués del presente y de los posibles futuros, de los límites y de sus formas. Eso significa "mirar" en periodismo narrativo.

Jorge Carrión aprovecha el prólogo de otra recopilación, *Mejor que la ficción* (Anagrama, 2012) para reivindicar la crónica latinoamericana, que algunos periodistas como Gabriel García Márquez o Rodolfo Walsh, ya hacían en los diarios de su época, como el antecedente inmediato del llamado Nuevo Periodismo. Carolina Ethel recuerda a la venezolana Susana Rotker, quien en su libro *La invención de la crónica* (Ediciones Letra Buena, 1992), menciona que "José Martí, Manuel Gutiérrez Nájera y Rubén Darío, a finales del siglo XIX aplicaban a sus despachos periodísticos la mirada escrutadora, la potencia estilística y la pretensión literaria que ahora vuelve a invadir revistas, intenta tomar diarios y se ha ido acoplando tímidamente, pero con fuerza, a la herramienta del blog" (Ethel, 2008).

A menudo se ubica el comienzo del Nuevo Periodismo en el relato *A sangre fría* (1966) de Truman Capote, al que se añaden las brillantes aportaciones de Tom Wolfe, quien ofrecerá las claves de esta corriente en *El nuevo periodismo* (1976), Norman Mailer o Gay Talese. Matiza, al respecto, Fernández Chapou, que la novela de no ficción nació de la mano de Truman Capote, en Estados Unidos, y de Rodolfo Walsh en la Argentina: "Sus obras tienen propósitos disímiles, sin embargo, ambos autores se sirven de los recursos literarios para narrar sucesos reales, basándose en investigaciones periodísticas serias y elaboradas" (2011: 13).

Para la década siguiente, Albert Chillón y Sebastià Bernal definen mejor ese nuevo territorio, al que denominan periodismo informativo de creación, que abarca textos descriptivos y narrativos explicativos, más la función estética del lenguaje (1985, 106-112). En otras zonas quedan el periodismo informativo convencional (textos descriptivos y narrativos) y el periodismo interpretativo, a base de argumentos.

Lago y Callegaro ofrecen una aproximación más académica, hasta numerar una decena de aspectos donde difieren la crónica hegemónica y la nueva crónica: mirada subjetiva, interés por lo cotidiano, soportes no convencionales, importancia de los datos marginales, testigos directos, extensión del texto, etc. Añaden que "esta nueva mirada (...) permite identificar desplazamientos de sentido en torno a las representaciones de la pobreza, la exclusión y la violencia, a la vez que constituye un acto de interpelación ética al lector frente a aquello que permanece silenciado y, por ello, invisible" (Lago, Callegaro, 2012).

Y en un curioso cierre de círculo, la pujanza del periodismo literario o narrativo ha vuelto a su primer territorio: Latinoamérica. Esas crónicas o reportajes o relatos de no ficción, que de todo hay en esta viña, aparecen, de vez en cuando, en antologías o recopilaciones o catálogos abiertos en forma de libro, para convertirse inesperadamente en otro *friendly format* para este periodismo narrativo, a pesar de las dificultades. En este sentido, la existencia de *memorias en blanco y negro* emerge cual rara avis por diversos motivos: se centra exclusivamente en el mundo del deporte, aparece semanalmente con una extensión que permite las diferentes escenas y se publica, aquí viene la sorpresa, en un diario convencional, *El País*, líder de la prensa española, con 1.217.000 lectores diarios (EGM, febrero-noviembre 2016).

Cuartero Naranjo insiste, acertadamente, en separar nuevo periodismo de periodismo literario, ya que "para nosotros, el Nuevo Periodismo estadounidense es una rama del gran árbol que es el Periodismo Literario" (2014: 18). Cita para ello, y no es el único en hacerlo, la eclosión de revistas surgidas en Latinoamérica para dar cabida a este tipo de textos. Y recuerda que el nuevo periodismo estadounidense "fue un fenómeno concreto, con una serie de autores concretos y centrados en una época determinada, las décadas de los 60's y los 70's". De hecho, parece ser que lo único que se mantiene desde entonces es la revista *The New Yorker*, que es la que ha servido de inspiración a sus hermanas pequeñas de las otras zonas del continente. Así surgieron *Etiqueta Negra* en Perú, *El Malpensante, Gatopardo y Soho* en Colombia, *Ciper* en Chile, *Plaza Pública* en Guatemala, *Factum* en El Salvador, Guatemala y Honduras, *Piauí* en Brasil, *Marcapasos* en Venezuela, las españolas *Frontera D* y *Jot Down*, las argentinas *Anfibia, El Puercoespín* y *Orsai*, etc.

Resulta curioso comprobar cómo España y Latinoamérica han seguido caminos diferentes a la hora de aproximarse al periodismo narrativo. Así lo asegura Sonia F. Parrat en sus textos sobre el reportaje, al indicar que en América Latina se sigue cada vez más el modelo norteamericano, más abierto a los híbridos y a las probaturas, mientras que el periodismo español está más cerca de la escuela anglosajona, que separa de manera férrea hechos y opiniones:

> En los casos francés y español se utiliza el reportaje como único término para designar un tipo de información bien diferenciada del resto, pero esto no es extensible al entorno latinoamericano, donde se perciben curiosas confusiones de este género con otros. Sirva como ejemplo la crónica, que allí fue adquiriendo otros significados de modo que hoy equivale a reportaje en algunos países y a columna literaria en otros. (2003: 39)

Más allá de las revistas especializadas, el periodismo literario tiene en los libros el otro *friendly format*, como lo demuestran diferentes colecciones de Debate, Tusquets, Libros del Asteroide, Anagrama, Alfaguara o las emergentes Ecícero o Libros del K.O. Destacan, asimismo, recopilaciones tan interesantes como *Antología de crónica latinoamericana actual* (Alfaguara), coordinada por Darío Jaramillo Agudelo, y *Mejor que ficción. Crónicas ejemplares* (Anagrama), seleccionadas por Jorge Carrión, ambas de 2012.

5. HIPÓTESIS

La principal hipótesis que plantea esta comunicación es constatar que los textos de Alfredo Relaño en la sección *memorias en blanco y negro* forman parte del periodismo narrativo, al dejar constancia de muchas de sus características.

Como hipótesis complementarias se proponen las siguientes: confirmar que es un caso único en el actual periodismo español en diarios convencionales de tirada nacional (*El País, El Mundo, ABC, La Vanguardia* y *La Razón*), que el fútbol es el elemento dominante en esa sección como reflejo de una tendencia que dura hasta nuestros días, que el protagonismo femenino en estas crónicas deportivas es inexistente, con una presencia meramente simbólica o colateral, que abundan las referencias cruzadas para contextualizar la historia central de la mejor manera posible y, por último, que la versión *online* presenta algunas diferencias importantes sobre el artículo en papel impreso.

6. RESULTADOS: CIFRAS Y LETRAS

6.1. Análisis cuantitativo

El primer resultado constatado es que, invariablemente, cada lunes de cada semana entre 3 de julio y el 25 de diciembre de 2016, el artículo correspondiente a la sección *memorias en blanco y negro*, se ha publicado, a pesar de coincidir en sus inicios con el periodo estival, momento en el que los diarios suelen cambiar su filosofía de publicación para adaptarse a una situación de menos trabajadores en redacción y menos lectores en la calle. Esta regularidad significa un cierto compromiso del autor, Alfredo Relaño, y el diario, *El País*, con sus lectores. Estamos, por tanto, ante 26 artículos consecutivos, una cantidad que permite sobradamente un estudio y un análisis exhaustivo de sus contenidos.

En cuanto a la ubicación del artículo, se constata su tendencia a aparecer en las páginas pares: así ocurre en 19 ocasiones, lo que significa un 73%. Dado que tradicionalmente las páginas impares son las consideradas de mayor visibilidad y con mayor capacidad de atracción (son lo primero que ve el lector al pasar la página, de ahí que su ubicación publicitaria sea más cara que la de las páginas pares), se puede considerar que la importancia de *memorias en blanco y negro* en el conjunto del diario sea relativa: no se trata de contenidos de actualidad, no tiene un formato de lectura fácil (son textos extensos, sin ladillos) y exige una dilatada concentración, algo que no suele ocurrir durante la lectura del resto del diario.

En cuanto a la temática preponderante el fútbol es el deporte rey de estas narraciones periodísticas, con 21 artículos (81%), con dos más sobre ciclismo (8%), uno sobre gimnasia (4%), otro sobre salto con pértiga y otro más sobre atletismo. No aparece ningún referente a otros deportes de gran aceptación hoy en día, como el baloncesto o el balonmano, seguramente porque hace 50 o 60 años no generaban noticias interesantes. En este caso podemos afirmar que *memorias en blanco y negro* es un fiel reflejo del tiempo retratado.

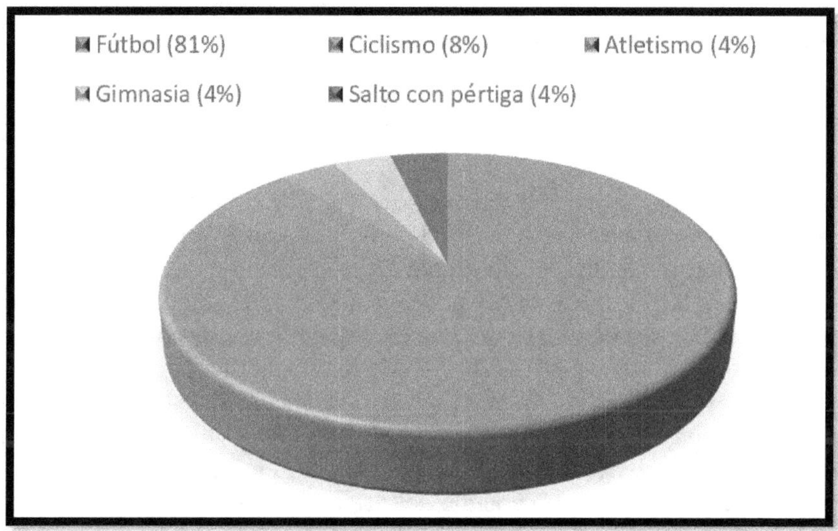

Gráfico 1: Reparto porcentual de contenidos. Elaboración propia.

En cuanto al momento en que se sitúan los hechos referidos en el texto, hay dos tipos de escritos: los que se ubican en una fecha concreta, para completarse con algunos antecedentes y hechos posteriores, y los que trazan una cronología más amplia, en torno a un personaje o un equipo, que puede abarcar varios años o, incluso, varias décadas. En este último supuesto, y para centrar mejor la cronología, se ha dado prioridad a la década que presenta mayor actividad. El resultado es el siguiente: 8 noticias ocurren en la década de los 50, otras 8 en los 60, 6 más en los 70 y 4 en los años 80. Estos últimos contenidos, los más recientes en el tiempo de *memorias en blanco y negro*, aparecen en las últimas semanas de 2016 (2 de octubre, 14 de noviembre, 21 de noviembre y 5 de diciembre), como si las noticias de décadas anteriores comenzaran a dar señales de agotamiento.

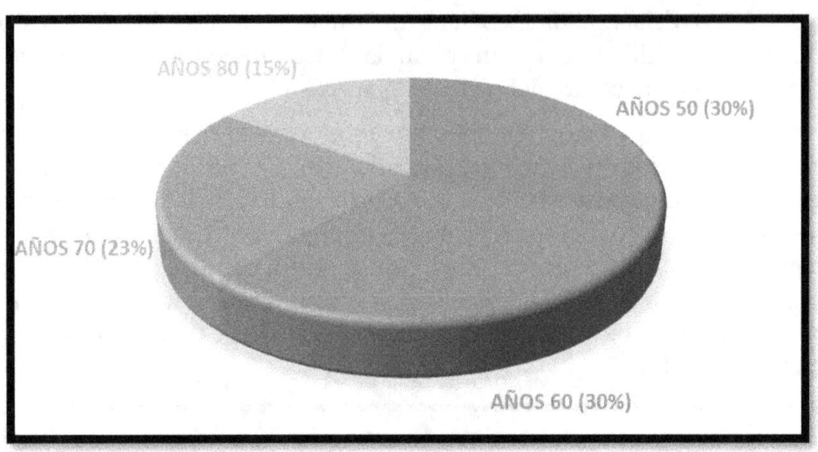

Gráfico 2: Reparto porcentual cronológico de los contenidos. Elaboración propia.

Su ubicación se adapta a la estructura del periódico: en los 9 artículos iniciales, correspondientes a los meses de julio y agosto, el texto aparece dentro del cuadernillo dedicado a los deportes y asume sus cintillos, aunque no comparta contenidos: Eurocopa 2016 (3 de julio) u Opinión Río (21 de agosto). En líneas generales existe una variedad notable de cintillos: Deportes (5 ocasiones), Deportes/Fútbol (12 ocasiones), Fútbol (4 ocasiones), sin determinar (3 ocasiones), además de las dos mencionadas. La palabra DEPORTES aparece siempre en un color verde, también utilizado para el título de la sección (*memorias en blanco y negro*, en minúsculas) y en las líneas de color que aparecen tanto encima del título como en la zona superior de los sumarios.

En cuanto a la longitud del texto, se ha realizado una doble medición: por palabras y por caracteres, a partir del texto publicado en la versión digital de *El País*. Se puede hablar de textos largos, tan necesarios para el periodismo narrativo, ya que ocupan entre un 67 y un 90% de la página. La longitud media es de casi 1.200 palabras (1188,1 es la cifra exacta), con sólo tres textos con menos de 1.100 palabras y otros tres que sobrepasan las 1.300.

Si se expresa la longitud en caracteres, la cifra media es de unos 6.800 (6.798,2, de manera exacta), con un texto que alcanza los 7.795 (El derbi vasco de la ikurriña), con otro de 5.922 (Un Gallego en Puerto Real) en el extremo opuesto. Dado que los periódicos suelen solicitar textos de 6.000-7.000 caracteres para un reportaje de una página (el resto se completa con imágenes, fotografías, diseños gráficos, anuncios...), la idea es que *memorias en blanco y negro* cubra ese espacio, lo que resulta algo excepcional en las secciones habituales de los periódicos. Es más habitual encontrar esas páginas completas en los suplementos culturales, en los cuadernillos centrales de los domingos o en entrevistas de contraportada, por ejemplo. Nos encontramos, de nuevo, con toda una singularidad en la prensa diaria.

En cuanto al uso de la fotografía, no se entrará en grandes profundidades, como las que lleva a cabo Lorenzo Vilches en *Teoría de la imagen periodística* (Barcelona: Paidós, 1997), ya que estamos ante un análisis de periodismo narrativo. Pero al igual que se ha observado que en las revistas donde dan cabida a este tipo de artículos existe un tratamiento gráfico mínimo, para acompañar al texto y darle una cierta atmósfera (nunca para distraer o desplazar la atención del lector), en *memorias en blanco y negro* cada texto se acompaña de una fotografía, casi siempre en blanco y negro, que ilustra muy bien momentos o contextos de la historia que se narra. De esta manera, se cuentan 22 fotografías en b/n (85%), dos más en color (8%), a pesar del título de la sección, y una fotografía excepcionalmente en sepia (4%), la correspondiente a un jovencísimo Iribar en plena estirada. La única excepción corresponde a "Un Gallego en Puerto Real", único artículo que no cuenta con fotografía alguna... aunque sí aparece la imagen correspondiente en la versión *online*.

Las fotografías aparecen acreditadas en la mayor parte de los casos (60%), pero en todos esos casos sólo aparece el nombres del medio o institución (*As*, 9 veces; Efe, 4; *Mundo Deportivo*, 1; Federación Española de Atletismo, 1), pero nunca el del fotógrafo. Se trata, seguramente, de las prácticas de otros tiempos, cuando el concepto de derechos de autor no estaba tan desarrollado como en la actualidad. En este apartado hay dos datos que llaman la atención: que 10 imágenes no incluyan ninguna fuente (un 40%) y que la fuente más habitual sea el diario deportivo *As*, a la sazón dirigido por el autor, Alfredo Relaño, e integrante, al igual que el diario *El País*, del grupo Prisa. También es muy variable el tamaño de las imágenes, a menudo de un tamaño intermedio, frente a otras de pequeñas dimensiones y las que ocupan un espacio mucho mayor (la lesión de Santillana, Zamora en Wembley, la irrupción de la moviola, etc.). Hay que añadir que todas las imágenes llevan su correspondiente pie de foto, alternando textos breves, en su gran mayoría, con otros de un par de líneas (alineaciones, relación de todos los que aparecen, etc.), algo que ocurre en solo tres ocasiones.

También resulta interesante analizar la maquetación, sobre todo la distribución en columnas. Como ya es sabido, los diarios convencionales utilizan cinco columnas, que luego pueden adaptar a otros formatos (las llamadas columnas falsas, sobre todo). En 14 ocasiones el artículo utiliza todo el ancho de la página, pero no con 5 columnas sino con las llamadas 4 falsas, que ocupan la misma anchura; su lectura es más cómoda y suele utilizarse en *El País* para destacar, de alguna manera (en este caso visual), artículos y columnas de prestigiosos colaboradores. Es una buena manera de romper la distribución empleada en las habituales secciones de noticias. Solo en dos ocasiones se emplean las 5 columnas tradicionales, en cuatro más las 4 columnas y en una única ocasión, "La curiosa aventura de la Copa Latina", las 3 columnas clásicas. Los cinco artículos restantes se presentan en 3 falsas, que vienen a ocupar el ancho de las cuatro tradicionales.

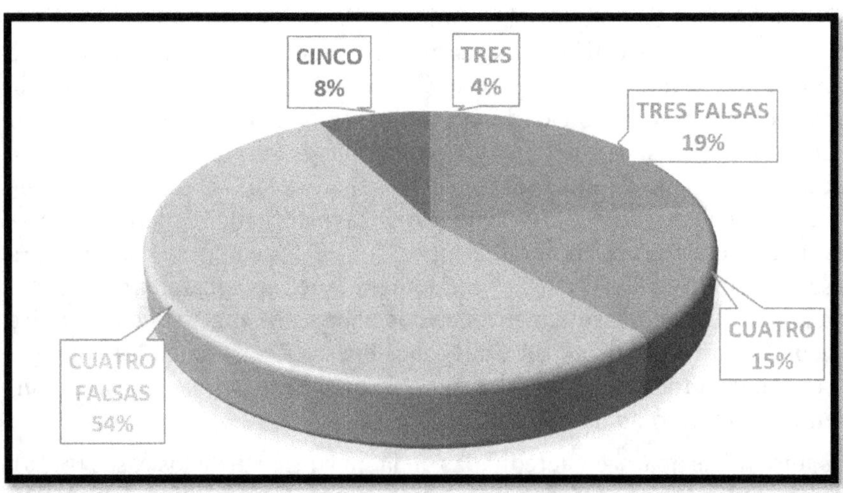

Gráfico 3: Reparto porcentual del texto por columnas. Elaboración propia.

En cuanto a los elementos de titulación no existen antetítulos, subtítulos ni ladillos; el texto ofrece un relato continuado de principio a fin, y tan solo cuenta, como forma de atraer al lector con dos elementos: un título llamativo, misterioso en ocasiones, y un sumario (excepcionalmente dos) que subraya la peculiaridad de la historia que se cuenta. Ambas cuestiones se estudiarán en el análisis cualitativo. De los 26 artículos 2 no cuentan con ningún sumario, otros 4 cuentan con dos sumarios y los 20 restantes lo hacen con un único sumario a modo de *anzuelo* para el posible lector que no ha prestado demasiada atención al titular o no ha entendido el interés de la historia con tan pocos datos.

El único elemento gráfico que se añade y que no es habitual en otros apartados de *El País* es una línea o banda ancha horizontal, colocada sobre la frase *memorias en blanco y negro* y también, salvo excepciones, sobre el correspondiente sumario. Se trata, como ya se ha comentado del mismo color verde ácido utilizado en el epígrafe DEPORTES. Como salvedad, hay dos artículos con una sola raya y un tercero, "El derbi vasco de la ikurriña", donde aparecen tres bandas.

En cuanto a los elementos que acompañan a *memorias en blanco y negro*, 11 son diferentes tipos de publicidad, otros 10 añaden noticias en diferentes formatos, 3 son columnas (en todos los casos *Siempre robando* de Manuel Jabois), 1 es un gráfico (el medallero olímpico de España antes de Río 2016) y el texto restante se acompaña de una clasificación de la Liga de Fútbol en curso. En el apartado de publicidad, 4 son autopromociones de *El País*, otros 4 son anuncios por palabras, otro es de dos anuncios unidos (uno de viajes donde participa la propia agencia del diario) y, por último, otro anuncio de viajes, donde también participa *El País*, es decir, otro formato de autopromoción. En consecuencia, no se trata de una página muy atractiva desde el punto de vista publicitario, ya que la página suele ser par, abundan las autopromociones, o los anuncios por palabras, siempre en la zona baja en la escala del impacto publicitario. Además, la única excepción como anuncio de pago, es un módulo del Ministerio de Fomento.

En resumidas cuentas, la maquetación de la página apenas sufre alteraciones a lo largo de esos seis meses: un titular llamativo, una fotografía en blanco y negro con acreditación básica y un breve pie de foto, un texto que suele ocupar todo el ancho de página, un sumario y las dos líneas o rayas horizontales. Todo ello indica dos tendencias: respeto por el contenido, que no sufre grandes alteraciones en su presentación debido a cuestiones externas (publicidad, autopromoción, avalancha de noticias deportivas de alcance...) y respeto por el lector habitual, que encontrará siempre *memorias en blanco y negro* en las páginas habituales, a menudo las pares, con su diseño y maquetación habitual. El resto de la página apenas presenta contenidos que le puedan hacer la competencia: diez pequeñas noticias, ilustradas con cuatro fotos, autopromociones y publicidad de poco peso específico. Por tanto, *memorias en blanco y negro* se deja leer de forma cómoda y no presenta distracciones, algo muy adecuado para el periodismo narrativo.

6.2. Análisis cualitativo o literario

En cuanto al análisis literario de los artículos, se ha tomado como referencia inicial el texto de Carlos Reis *Fundamentos y técnicas del análisis literario* (Gredos, 1981), todo un referente a la hora de hacer una lectura crítica del relato. Sin embargo, no se aplicarán todos los enfoques propuestos por el autor portugués (estilístico, estructural y semiótico), sino que nos centraremos en los argumentos, los personajes y sus representaciones, la problemática presentada, los tiempos gramaticales, los recursos literarios, las figuras literarias, la titulación y el vocabulario utilizado. A continuación se analizarán las coincidencias y las diferencias con las características más destacadas del llamado periodismo literario, periodismo narrativo o, con algunas otras características, el nuevo periodismo.

En cuanto a la titulación de los artículos, nada tiene que ver que los habituales de las noticias. Basta echar un vistazo a los títulos de las crónicas del periodismo narrativo recogidas en sus respectivas antologías por Jaramillo y por Carrión, para constatar que los títulos de Relaño juegan también al misterio o la sorpresa. Si en las crónicas latinoamericanas encontramos "Un fin de semana con Pablo Escobar" (Juan José Hoyos), "El pueblo que sobrevivió a una masacre amenizada con gaitas" (Alberto Salcedo Ramos), "El mago de una mano sola" (Leila Guerriero), "Cromwell, el cajero generoso" (Juan Manuel Robles) o "Un alcalde que no es normal" (Diego Enrique Osorno), por citar solo a unos pocos, en *memorias en blanco y negro* el autor no se queda atrás: "España ganará al son de 'La la la'. Pero no", "Sola, récord olímpico... por media hora", "El Barça le mete diez a Iribar y quiere ficharlo", o "Carlos Lapetra, el extremo científico", son ejemplos de cómo el autor invita al lector a sumergirse en hechos sorprendentes, historias inesperadas o situaciones rocambolescas. Es algo que también hacen los periodistas narrativos de forma habitual: un título que enganche.

La estructura utilizada por Relaño también remite al nuevo periodismo cuando, a menudo, presenta las historias a través de diferentes escenas. Por ejemplo, cuando cuenta la historia del legendario corredor palentino Mariano Haro, asistimos a sus carreras en las excursiones del Frente de Juventudes de su pueblo, sus carreras constantes en la infancia o para acudir a sus primeros trabajos, sus primeras competiciones, su primer entrenador serio, sus años de amateur, su llegada a la alta competición, etc. Tras esas escenas llega el punto central de la crónica: su carrera en los Juegos Olímpicos de Munich que le valió un cuarto puesto. Y tras otros pasajes deportivos el autor culmina con "Hoy vive feliz en su Becerril de Campos (...). Durante 25 años fue el alcalde del pueblo. (...). Ya no corre, pero es un cazador andarín e infatigable. Y un tipo listo, capaz de cortar un fideo en el aire".

Otro de los aspectos que marca el periodismo literario es el uso de la primera persona, en alternancia con la tercera, algo habitual en el periodismo narrativo: el autor admite su aportación subjetiva, pero siempre desde un deseo de objetividad gracias a los numerosos datos aportados. Relaño hace uso de la primera persona, tanto en singular como en plural, de forma un tanto desigual: un mayor uso cuando el tema tratado parece pedirle cercanía e implicación y la tercera persona (narrador omnisciente) cuando la cuestión le resulta lejana. En el primer apartado se encuentra, por ejemplo, "España ganará al son del 'La, la, la'. Pero no", donde se cuentan hasta 13 verbos en primera persona: "recibimos a Inglaterra", "habíamos jugado", "habíamos perdido", "amábamos", "nunca vi", "¡yo estuve allí!", etc. Así ocurre en la mayor parte de los artículos, a veces con un uso muy discreto, con un simple "nuestro primer héroe olímpico", "vayamos por partes" o "podemos decir que sí" en todo el texto. En otras, como las crónicas sobre Mariano Haro, Iribar, el derbi de la ikurriña o el jugador Gallego, no contienen ninguna mención en primera persona. Son, por tanto, la excepción: un 15%.

En este aspecto también podemos citar el uso del metaperiodismo, al citar el proceso de elaboración. El autor habla de entrevistas, conversaciones o citas de testigos mantenidas con diferentes personajes, ya sean los protagonistas o personas de su entorno. He aquí algunos ejemplos: "Hablé largamente con él de aquel suceso muchos años después" (sobre el árbitro Órtiz de Mendívil), "que siguió al caso Kubala-Oliva, que ya conté en esta sección" (sobre Sancho Dávila), "Así me lo cuenta González Linares, corredor del Kas de esos años" (sobre la rivalidad Ocaña-Fuente), "Me la relata el propio Santillana" (sobre el descubrimiento de que solo tenía un riñón), o "Una vez tuve la ocasión de comer con Kubala y Di Stéfano" (sobre la participación del último en la selección catalana). El autor deja constancia, por tanto, de que en muchos casos es testigo de primera fila, acude a fuentes primarias y contrasta la información de la mejor manera posible. Y, obviamente, quiere que se sepa que él estuvo allí.

Otro de los recursos de Alfredo Relaño en *memorias en blanco y negro* es la transcripción de conversaciones o declaraciones, intercaladas en el momento adecuado en el contexto narrativo. Y los propios personajes reflejan su personalidad a través de su propio lenguaje. Veamos algunos ejemplos: "Una chica muy simpática, nos visitó, bromeamos. Españoles a la conquista de Londres, decíamos" (Pirri sobre Massiel), "Comenzábamos y terminábamos cada gran ronda con una comida de los veinte, o los que fuéramos, en casa de Luis Knörr, que era el alma de aquello" (González Linares sobre el equipo Kas), "Yo estaba entusiasmado, pero fue un chasco. No podía con ella" (el saltador Ignacio sola sobre una nueva pértiga de fibra de vidrio), "Lasse Viren, entonces no lo sabíamos, se cambiaba la sangre. Yo le había ganado varias veces en Finlandia, donde me trataban como a El Cordobés en España" (Mariano Haro)... Este formato tiene un doble valor: rompe la continuidad del texto como recurso literario y aporta información de primera mano sobre los personajes.

Como complemento a esos diálogos realistas, tan queridos en el periodismo narrativo, encontramos un extenso uso de las comillas al recoger declaraciones textuales. Dichos testimonios pueden proceder tanto de las conversaciones del autor con los protagonistas como de declaraciones recuperadas del diario *As*, al que Relaño lleva muchos años vinculado y, es de suponer, que con acceso a su enorme archivo. Al igual que en la recreación de diálogos, las citas textuales también sirven para conocer mejor a los protagonistas.

El entrecomillado aparece con regularidad a partir del cuarto artículo estudiado, en ocasiones prolongando su texto durante una docena de líneas en la edición impresa. También aparece dentro de declaraciones que un interlocutor pone en voz de otro, con lo que se mantiene la impresión de reproducir palabras textuales y de, en cierta manera, describir o definir a quien las pronuncia. Se ofrece ahora una pequeña selección: "Apareció un premio nuevo, un lingote de oro. Ganamos nosotros. Le dijimos que no repartíamos, porque eso no estaba en el pacto inicial" (González Linares), "Cuando regresó le dijo a su entrenador: '¿Bien, no? Ahora para ganar sólo falta que se caiga este cabrón'" (Jordi Bonareu sobre Joaquín Blume), "El vuelo fue de aúpa. El avión venía de París, nos subimos en Madrid, e hicimos Madrid-Teherán, Teherán-Karachi, Karachi-Calcuta, Calcuta-Bangkok y Bangkok-Tokio. En el mismo avión" (Ignacio Sola), "De niño, no me recuerdo andando. Siempre corriendo. Iba corriendo por el pueblo o más allá. Igual tres pueblos más allá..." (Mariano Haro), "Jugamos muy bien, disfrutamos, todo era alegría, pero vino el mazazo. ¡Bajar así! Pero eran las normas y era lógico" (Carmelo Amas, jugador del Sanse), etc. Aunque el entrecomillado es habitual en el periodismo convencional, en el caso de *memorias en blanco y negro* se utiliza, sobre todo como elemento de descripción psicológica del protagonista, con sus impresiones, decepciones o ilusiones, o como contexto de momentos importantes en su vida. En cuanto a los personajes, Relaño añade los suficientes datos para que el lector pueda trazar perfiles sociológicos (procedencia social, entorno), ideológico-político (fieles al régimen, nacionalistas, separatistas, comunistas...) y psicológicos (pensamientos más personales y profundos). Este es un rasgo definitorio del periodismo literario, donde se conoce más a fondo al personaje, que en otros casos acaba sepultado por los hechos.

En cuanto a la utilización del tiempo, el desarrollo cronológico es alterado por saltos al pasado o al futuro, pero siempre se centran en una acción, un momento específico en torno al cual giran el resto de elementos. Por ejemplo, cuando se habla del intento de fichaje de Iribar por parte del Barça cuando todavía era poco conocido, el autor narra cómo era su familia, los intentos de su padre para que se dedicara a otra cosa o sus primeros partidos oficiales; el artículo termina con los años posteriores, al final de su brillante carrera y una última oferta por parte del Real Madrid. Este esquema se repite a menudo, a partir de unas primeras línea donde se fija la cuestión a tratar: "El miércoles 8 de mayo del 68 recibimos a Inglaterra en el partido de vuelta de cuartos de final de la Eurocopa", "A finales de los sesenta y durante todos los setenta, los españoles empezamos a ver el ciclismo de otra forma", "El Barça le marcó diez goles a Iribar y aun así quiso ficharlo", "La Vuelta de 1974 tuvo un desarrollo dramático", "El sábado 21 de abril de 1973 el Madrid visitó al Español con Sarriá a reventar", "Sucedió el 12 de julio de 1953, en Balaídos", "El 5 de diciembre de 1976 la Real y el Athletic se enfrentaron en Atocha", etc. Relaño fija a menudo el centro de su artículo en las primeras líneas, para, una vez conseguida la atención con un inicio llamativo, extenderse en el contexto (tiempo histórico) y centrarse, a continuación, en los detalles del hecho relatado. En este sentido, el autor se permite una licencia literaria relacionada con los tiempos gramaticales: cambiar los tiempos verbales, a menudo en pretérito indefinido, para utilizar el presente y reflejar así hechos pasados como si estuvieran ocurriendo en estos momentos. Tampoco faltan referencias al tiempo meteorológico, que, en ocasiones, sirve para dotar de dramatismo a unos hechos: "Tras un fugaz liderato de Thevenet tras pasar por Granada, la Vuelta llega a la meseta, entre truenos y granizadas", "Se pasó Pajares con niebla espesa, se bajó a lo loco, con caídas de casi todos y se llegó al Naranco", "Salió un domingo frío y lluvioso, muy desapacible. El campo estaba muy mal", etc.

Siguiendo la filosofía de una buena crónica, que debe comenzar con unas primeras líneas llamativas y poderosas, los finales de los artículos suelen rematarse con frases contundentes y definitivas a modo de sentencia: "Ningún otro árbitro español ha pitado una gran final de selecciones", "Un homenaje a la memoria del que nació para ser nuestro primer héroe olímpico (...), pero que se topó con un destino final", "... y Tommy Smith, el del puño enguantado", "Y un tipo listo, capaz de cortar un fideo en el aire", o "El fútbol siempre ofrece revancha a quien la merece", entre otros finales. Dada su proximidad con la crónica, y lejos, por tanto, de las 5 ws, estos textos de periodismo narrativo enlazan con las principales corrientes del periodismo literario que se desarrolla en Latinoamérica.

También destaca el uso de referencias cruzadas, es decir, la mención de elementos ajenos a la información central que ayudan a contextualizarla. Se trata, en líneas generales, de conceptos conocidos por los lectores: Eurovisión, Massiel, Cliff Richards, Julio Iglesias, falangistas, KAS, la marca de refrescos vitoriana, el levantamiento de Hungría, los jesuitas, Franco, Frente de Juventudes, Septiembre Negro, la plaza de toros de Tolosa, Iñaki Gabilondo, sarcoma óseo, el caserío, abogados del Estado, los destrozos de la guerra, los Beatles, gafas Ray-Ban, un melanoma, los años duros de la cuestión vasca, el repetidor de La Muela, venta de televisores en Barcelona, la piedra milagrosa de Pastoriza, controles en el País Vasco, etc. Este tipo de periodismo va más allá de los simples hechos (quién ganó tal partido o tal etapa) y ofrece, gracias a los antecedentes y a las referencias, un contexto global que nos ubica cada hecho en el contexto sociológico adecuado.

En cuanto a las figuras literarias, el lenguaje es cercano y directo, incluso coloquial en ocasiones, y se aleja, salvo en alguna excepción, de metáforas, hipérboles, refranes, aliteraciones, paradojas o sentencias. Sí que se encuentran algunas enumeraciones (alineaciones de equipos de fútbol o de ciclistas, evolución de un resultado gol a gol...), algunas topografías (descripciones de lugares más o menos detalladas) y algunos retratos personales (en los casos de Lapetra, Ortiz de Mendívil, Sancho Dávila, Joaquín Blume, Ignacio Sola, Mariano Haro, Iribar...) frente a descripciones de colectivos.

7. CONCLUSIONES

Se confirma, por tanto, la principal hipótesis: *memorias en blanco y negro* cumple con las características del periodismo narrativo: historias reales, recursos literarios, diferentes escenas, textos extensos, retrato psicológico y social de los personajes, uso habitual de la primera persona, la mirada subjetiva, el metaperiodismo, inicios y finales rotundos y llamativos, numerosas referencias cruzadas, libertad de uso de los tiempos verbales, testimonios de testigos directos, importancia de datos marginales, . Lo hace además en un lugar poco habitual: en la prensa diaria de tirada nacional, en el periódico de mayor difusión, *El País*.

Por otra parte, se constata que este tipo de artículos no es habitual en la prensa diaria española, ya que *El Mundo, ABC, La Vanguardia* y *La Razón* optan por ubicarlos en los suplementos del fin de semana. Se confirma, asimismo, la primera impresión: el fútbol es el deporte más relatado (más del 80% de artículos), como corresponde a los gustos de la sociedad española entre los años 50 y los 80. Ninguno de los textos se centra en personajes femeninos, que aparecen sólo en los márgenes del relato como esposas, madres o novias. Y también se han confirmado unas ciertas diferencias entre la versión en papel y la versión *online*, con la presencia, en este segundo soporte, de enlaces internos, alguna foto extra y una maquetación diferente, entre otras cuestiones.

REFERENCIAS BIBLIOGRÁFICAS

- ANGULO EGEA, M. (ed.) (2013). Crónica y Mirada. Aproximaciones al Periodismo narrativo. Madrid: Libros del K.O.

- CALLEGARO, A., LAGO, M.C (2012). "La crónica latinoamericana: cruce entre literatura, periodismo y análisis social". Quórum Académico, Vol. 9, Nº 2, julio-diciembre 2012, 246-262.

- CARRIÓN, J. (ed.) (2012). Mejor que la ficción. Crónicas ejemplares. Barcelona: Anagrama.

- CHILLÓN, A. (1999). Literatura y Periodismo: una tradición de relaciones promiscuas. Barcelona: Universitat Autónoma de Barcelona.

- CUARTERO NARANJO, A. (2014). "El arte del relato sin ficción: la explosión del Periodismo Literario en el ámbito latinoamericano y español en la Sociedad de la Información". Revista Surco Sur, Vol. 4: nº. 7, 14-21.

- DOI: http://dx.doi.org/10.5038/2157-5231.4.7.7

- ETHEL, C. (2008): "La invención de la realidad". El País, 12/7/2008. Fecha de consulta: 8/3/2017. http://elpais.com/diario/2008/07/12/babelia/1215819552_850215.html

- FERNÁNDEZ CHAPOU, M. (2011). El nuevo periodismo en la prensa hispana contemporánea. Una propuesta para los medios del siglo XXI. México D. F.: Académica Española.

- GUERRIERO, L. (2010). "Qué es y qué no es el periodismo narrativo: más allá del adjetivo perfecto". Seminario de Periodismo y Narrativa. Santander.

- ---------- (2014). Zona de obras. Madrid: Círculo de Tiza. Versión Kindle.

- HERNÁNDEZ, L.G. (2013). "Noticias en torno del Periodismo Literario". Revista Mexicana de Comunicación, vol. 26, nº 136, octubre-diciembre 2013, 32-35.

- HOYOS, J.J. (2003). "Escribiendo historias. El arte y el oficio de narrar en el periodismo". Signo y pensamiento, vol. 22, Nº 43, 2003, 165-166.

- LÓPEZ PAN, F. (2010). "Periodismo literario: entre la literatura constitutiva y la condicional". Ámbitos: Revista Internacional de Comunicación, nº 19, 97-116.

- PARRAT, S.F. (2003). Introducción al reportaje. Antecedentes, actualidad y perspectivas. Santiago de Compostela: Servicio de Publicacións e Intercambio Científico.

- REIS, C. (1981). Fundamentos y técnicas del análisis literario. Madrid: Gredos.

- RELAÑO, A. (2016): "Memorias en blanco y negro", El País. Artículos completos publicados desde el 5 de julio al 25 de diciembre de 2016.

- RODRÍGUEZ RODRÍGUEZ, J.M. (2012). Contar la realidad: el drama como eje del periodismo literario. Zaragoza: 451 Editores.

- RODRÍGUEZ RODRÍGUEZ, J.M., ALBALAD AIGUABELLA, J.M. (2012). Nuevas ventanas del periodismo narrativo en español: del big bang del boom a los modelos editoriales emergentes. Textual & Visual Media, nº 5, 287-310.

- RODRÍGUEZ RODRÍGUEZ, J.M., ANGULO EGEA, M. (coords.) (2010). Periodismo literario. Naturaleza, antecedentes, paradigmas y perspectivas. Madrid: Fragua.

CAPÍTULO VII

V, LAS CLOACAS DEL ESTADO: PERIODISMO DE INVESTIGACIÓN, FICCIÓN Y DRAMATIZACIÓN PARA UNA NUEVA NARRATIVA ONLINE

José Antonio Martín Matos
Universidad del País Vasco / Euskal Herriko Unibertsitatea

Resumen

Con la puesta en marcha en 2016 de la plataforma Podium Podcast del grupo Prisa Radio, la emisión *online* conoce un notable avance en su apuesta por contenidos en internet y en el formato de radio a la carta. La plataforma ofrece programas de ficción, entretenimiento, esenciales y periodismo. Con el reconocimiento que supone el Premio Ondas 2016 "al mejor programa, radio o plataforma radiofónica de emisión online", Podium Podcast ha demostrado en menos de seis meses la innovación de su formato y el acierto de sus contenidos.

Entre todas las ofertas (se calcula la emisión de 600 episodios en 2016) llama la atención la serie *V, las cloacas del Estado*, escrita por el periodista Álvaro de Cózar. A lo largo de diez capítulos semanales en su primera temporada, el responsable utiliza el periodismo de investigación y todos los recursos de audio disponibles en una radio convencional, para crear unidades de unos 20 minutos que recorren diversos casos de corrupción y excesos del poder. Para ello se centra en la figura de V, "un agente encubierto que ha trabajado en la sombra durante 40 años al servicio del Estado". En la presente comunicación se analizan los recursos utilizados, para establecer qué elementos de la radio convencional se mantienen en la radio *online* y cuáles resultan novedosos. Estamos, pues, ante un excitante caso de periodismo en serie... y en serio.

La metodología incluye el análisis de todos los audios de la serie para establecer el uso de los diferentes géneros radiofónicos, así como de la utilización de elementos de dramatización (actores, música, efectos...). El objetivo es demostrar que la serie *V, los cloacas del Estado* elabora un nuevo lenguaje narrativo en el formato de *podcast* que hasta ahora no se había dado en la radio *online*.

Palabras clave: Podium podcast, podcast, radio online, Prisa Radio, archivos multimedia, audio

1.- INTRODUCCIÓN

La primera cuestión que se plantea es la definición de podcast, así como su origen y evolución en el mundo de la difusión de contenidos digitales en la red. Existe una dificultad de partida, ya que no existe una traducción exacta al castellano; el término podcast tiene parte de su origen en *broadcast*, que se puede traducir como "lanzar, emitir ampliamente", un concepto, cuando menos, demasiado polivalente.

El término podcasting se utilizó por primera vez el 12 de febrero de 2004 en el diario británico *The Guardian*. La palabra la acuñó el periodista Ben Hammersley, quien mezcló los términos *pod* (una especie de contracción de la locución *portable device*, que significa reproductor portátil) y *broadcasting* (difusión) en un artículo publicado en la edición digital y titulado "Audible Revolution" en el que hablaba de una "revolución del audio amateur", pero sin hacer referencia a la sincronización automática (Gutiérrez, Rodríguez: 2010, 40). Otras posibles acepciones de podcasting, en este caso como acrónimos, pueden ser *portable on demand* y también *personal option digital*

La materialización del sistema tiene lugar el 13 de agosto de 2004, cuando Adam Curry, un joven estadounidense con experiencia radiofónica en Holanda y amante de las nuevas tecnologías, decide unir el formato de mp3 de audio comprimido con las posibilidades de difusión automática, con archivos adjuntos del RSS, el sistema de sindicación impulsado por Dave Winer, un neoyorkino creador de numerosos programas de software novedoso. Curry creó así un programa que podía gestionar esos archivos: lo llamó iPodder, inspirado por su reproductor de mp3, un iPod de Apple. Según Guzmán (2006) esta relación con el iPod se remonta al primer script que Adam Curry escribió para descargar mp3s automáticamente a su iPod, al que llamó RSS2iPod.

Al mes siguiente el software comenzó a extenderse y el dominio podcasting.net quedaba registrado. En 2005 se produce un hecho que multiplicará exponencialmente la difusión del nuevo sistema: la versión 4.9 de iTunes, con la que se gestionan los contenidos del iPod, incorpora la posibilidad de descarga de podcast. Ese mismo año, la editorial de la Universidad de Oxford elige *podcast* como palabra del año. Desde entonces, el sistema se ha mejorado, siempre fiel a su diseño inicial, su presencia es casi universal y, como muestra de ello, el Estudio General de Medios anunció que comenzaría a hacer mediciones de difusión y audiencias de podcast en 2017.[34]

La aparición del podcast en el mundo hispanohablante no tardará demasiado: de hecho será también en 2004, el 18 de octubre, cuando el periodista valenciano José Antonio Gelado, habitual colaborador de la SER y de Cope en nuevas tecnologías, pone en marcha la primera descarga del podcast *Co-*

---

[34] http://www.aimc.es/El-EGM-ofrecera-datos-de-audiencia.html, 14/10/2016. Consulta: 4/3/2017.

municando (Blanco: 2006, 1.935), donde aporta los contenidos de su colaboración en la cadena SER. El 13 de mayo de 2005 puso en marcha *Podcastellano*, con el objetivo de difundir el podcasting en español mediante foros, noticias, documentación y un directorio. La web dejó de estar operativa hace unos años.

Dado que la palabra podcast no está admitida en el diccionario de la RAE, ni siquiera en el Diccionario Panhispánico de Dudas, se ha recurrido a la definición aportada por el prestigioso Oxford Dictionary: "emisión de radio o de televisión que un usuario puede descargar de internet mediante una suscripción previa y escucharla tanto en una computadora como en un reproductor portátil".[35] Como recuerda el investigador británico Richard Berry, en 2004 el buscador Google devolvía unos 6.000 resultados para el término "podcast"; en noviembre de 2005 la cifra había ascendido hasta los 61 millones (2006: 144), gracias, sobre todo, a su inclusión en el Oxford English American Dictionary.

Como aseguraba la investigadora Sonia Blanco hace casi una década, "pensamos que el podcast será uno de los medios de comunicación social de mayor desarrollo a medio largo plazo ya que se está simplificando su producción" (2008: 258). Y dejaba constancia, asimismo, del largo camino que le quedaba al podcast desarrollado en español para acercarse o equipararse a la producción de Estados Unidos. También Salgado Santamaría, en sus conclusiones sobre el estudio de los podcasting en la radio española, hablaba de una fase de transición, al afirmar que "el uso que las cadenas de radio hacen de las posibilidades técnicas multimedia está en fase de desarrollo, aunque se aprecia una evolución notable en la producción de contenidos, narrativa y oferta programática distinta a la tradicional" (2010: 95). A ello podemos añadir la reflexión de Ortiz Sobrino sobre la post-radio, término acuñado, entre otros, por el equipo de investigadores GRER (Groupe de Recherches et d'Études sur la Radio) en Francia, para definir los nuevos formatos surgidos a partir de la radio gracias al mundo digital: "este nuevo marco señala claramente la línea divisoria entre una concepción clásica de las emisiones radiofónicas y otra definición nueva del medio, concebido como un sistema híbrido de distribución de los contenidos, con vocación multimedia". Y finaliza el autor con una conclusión definitiva: "La nueva radio será el resultado de la mediamorfosis sufrida, como el resto de los medios de comunicación, por el impacto de las TIC" (Ortiz Sobrino, 2012).

2.- PODIUM PODCAST, EL GRAN SALTO

Años después de todas las afirmaciones expresadas anteriormente, la realidad da la razón a los investigadores teóricos: el 8 de junio de 2016 tiene lugar en Madrid, en una presentación por todo lo alto, del nuevo proyecto

---

[35] https://es.oxforddictionaries.com/definicion/podcast. Consulta: 4/3/2017.

del grupo Prisa Radio, en el que tomarán parte sus emisoras de Colombia, México, Chile, Argentina y España.[36] En el anuncio público participan los escritores Mario Vargas Llosa y Arturo Pérez-Reverte y el cineasta y novelista mexicano Guillermo Arriaga. Se trata de la plataforma Podium Podcast, que eleva, de manera irreversible, el concepto de post-radio al crear una oferta multitemática disponible únicamente en formato de podcast. La oferta es impresionante, ya que incluye, como punto de partida, 30 programas diferentes, cada uno con sus propios contenidos y sucesivos capítulos o episodios. La propia plataforma, http://www.podiumpodcast.com/, con el eslogan de "Lo mejor estar por escuchar", ofrece su lista de contenidos en un exhaustivo orden alfabético:

1. ¿En qué puedo ayudarle?
2. Acontecimientos históricos
3. Aviario
4. Cinco sentidos
5. Cuentos de Navidad
6. Diario de un naufragio
7. Educa como puedas
8. El club del terror
9. El gran apagón
10. El mundo según Severino
11. Encuádrate
12. Grandes entrevistas
13. Historias de medianoche
14. Kamasutra de la innovación
15. La redada
16. Laboratorio de Investigación de Series
17. Le llamaban padre
18. Leyendas Urbanas
19. Líbero
20. Los búfalos nocturnos
21. Mañana Empiezo
22. Micro
23. Negra y Criminal
24. Nómadas
25. Poemarios
26. Referentes
27. Sonido morse
28. Sopitas
29. Teatros del aire

---

[36] MORLA, J. (2016). "Nace Podium Podcast, un nuevo modo de escuchar". *El País*, 9/6/2016. [en línea] http://cultura.elpais.com/cultura/2016/06/08/actualidad/1465410435_296991.html. Consulta: 4/3/2017.

30. V, las cloacas del Estado

En la actualidad existen dos programas más y la fuerza de Podium Podcast se evidencia por el Premio Ondas 2016 a la Mejor Plataforma Radiofónica en Internet.

3.- ESTUDIO DE CASO: EL CAMPO DE TRABAJO

Para establecer el campo de trabajo de la presente comunicación, se ha optado por analizar todos los episodios de la primera temporada (y en el momento de redactar el presente texto, la única) de *V, las cloacas del Estado*. Se trata de diez capítulos, que siguen un orden más o menos cronológico de los acontecimientos; fueron puestos a disposición de los internautas entre el 22 de septiembre y el 24 de noviembre de 2016, siendo el viernes el día de la semana elegido. Dado que los capítulos fluctúan alrededor de los 22' 30", el audio total resultante se sitúa en torno a los 230 minutos, prácticamente cuatro horas. Hay que señalar que, dada la flexibilidad temporal que ofrece internet, el capítulo más breve dura 19'32", mientras que el más extenso alcanza 26'06".

Una primera ficha técnica del programa incluye al periodista Álvaro de Cózar, como guionista y encargado de la narración en primera persona (él se ha encargado de las diferentes investigaciones en torno al personaje central, V), a Yago Mendivil como responsable del diseño de sonido (la música, realizada sobre todo, a partir de sintetizadores, y el montaje técnico del audio han sido responsabilidad suya), y a Toni Garrido y Gonzalo Ruiz como productores, en decir, quienes han facilitado las necesidades de los anteriormente mencionados.

El acceso al podcast es relativamente sencillo, ya que la propia web del programa ofrece un comando para activar la suscripción, es decir, la descarga automatizada cada que se emitan nuevos capítulos. Este botón da la posibilidad de elegir entre los tres portales más habituales para la sindicación de podcast: RSS, iTunes e iVoox.

Desde el punto de vista del formato tradicional radiofónico, nos encontramos con una propuesta muy novedosa: diez capítulos (o grandes reportajes), basados en un personaje real, llamado V, cuyo nombre completo sólo se desvela en la última entrega. No es tan revolucionaria la fórmula si se acepta que el podcast forma parte de la llamada post-radio, donde los formatos clásicos se saltan numerosas reglas y limitaciones. En este programa, cada capítulo muestra la relación de ese personaje con otros protagonistas de la actualidad de cada momento (el relato se prolonga durante unas cuatro décadas) y, sobre todo, con algunos llamativos casos mediáticos. Los títulos y sus respectivas fechas de alojamiento en la red son los siguientes:

1. La madeja (22/9/2016)
2. El incontrolado (29/9/2016)
3. El montaje (6/10/2016)
4. Detective público, policía privado (13/10/2016)
5. El traficante (20/10/2016)
6. El califa de Córdoba (27/10/2016)
7. El espía que decía venir de Moncloa (3/11/2016)
8. Trabajos para el compiyogui (10/11/2016)
9. Escuchas (17/11/2016)
10. El currículum (24/11/2016)

4.- METODOLOGÍA: LA RECONSTRUCCIÓN DEL GUION POR PROCESO INVERSO

Para abordar el análisis de los diferentes elementos que forman parte de este programa de podcast, se ha optado por la reconstrucción del guion a partir del audio descargado; es decir, se ha escuchado cada uno de los pasajes para recrear el guion original de cada capítulo, atendiendo a la ubicación de cada una de las voces, sus textos, la música utilizada en fondos o primeros planos, los efectos de sonido incorporados, las transiciones entre los diferentes elementos, etc. Una vez restaurado ese guion, con la relación de los minutajes en que aparece cada contenido, se ha procedido al doble estudio habitual en estos casos, como si se tratara de un programa de radio al uso: la parte técnica (música, efectos, tratamiento del sonido...) y la parte oral (textos leídos, inflexiones, declaraciones, entrevistas, cortes de voz...). Ambas conforman un todo que ayudará a comprender mejor la elaboración de este podcast, los elementos utilizados y su puesta en escena, no exenta de ciertos toques de dramatización, un elemento clásico de la radio española.

5.- ANÁLISIS DE CONTENIDOS

5.1- Los elementos técnicos

Una vez reelaborado el guion de los diferentes episodios del podcast, haremos una primera aproximación a los elementos técnicos utilizados para elaborar un determinado contexto sonoro al servicio de la narración. Los diferentes recursos utilizados completan esta lista de ocho elementos:

1. Cortes de voz enlazados como recordatorio al principio de cada episodio. Se podría decir que es el equivalente a la cabecera de las series de televisión (en ciertos momentos recuerda la de la serie estadounidense *Homeland*, de la cadena Showtime, *2011-2017)*. Se trata de breves fragmentos cogidos de

diferentes episodios con un fondo musical que denota una cierta tensión. Se trata del leitmotiv que define la atmósfera del podcast.

2. Efectos especiales: al igual que ocurría en las radionovelas de los años 50 y 60, los efectos de sonido contribuyen a dar veracidad al relato, al tiempo que generan una imagen más definida de la narración en la mente del internauta. Así encontramos sirenas de policía, disparos, golpecitos de llamada en una puerta, sonido de cloacas, llamadas de móvil, pasos, metralleta, gritos de gente, puerta de celda, ruido de copas, despegue de avión, ruido de helicóptero, máquina de escribir, caballos al galope, ruido de firma de documento, gaviotas, etc.

3. Efectos al servicio del guion: se trata de efectos de sonido que parecen ser recogidos en el mismo lugar en que transcurre la acción. Por ejemplo, cuando el periodista, en el primer episodio, se traslada de Madrid a Barcelona para entrevistarse con determinados testigos, se escucha la voz de megafonía de la estación de Sants. También se escucha un clic al comienzo de cada nota de voz, así como el efecto de wasap cuando se incorporan diálogos surgidos en esta aplicación de correo instantáneo. Asimismo, aparece el sonido de una txalaparta cuando se habla del pasado de V en el País Vasco y también un pitido cada vez que alguien nombra a Villarejo, para que se mantenga la incógnita hasta el último episodio.

4. Música ad hoc, de creación propia: como se ha comentado anteriormente, el técnico de sonido, mejor definido como diseñador sonidista, provee al relato de los fondos adecuados en cada momento a partir de las posibilidades de los sintetizadores; en ocasiones, el internauta se ve envuelto por pasajes neutros, a menudo en segundo plano, que fija la atención en las voces, pero en otras se crea un clima de desasosiego y tensión que refuerza la imagen de que algo grave va a pasar. Estos pasajes suelen ser discretos, con apariciones muy breves en primer plano, apenas unos segundos, para dar paso a las voces o grabaciones donde se encuentra el núcleo narrativo. El resultado es un conjunto sonoro que mantiene la atención del oyente durante los minutos que dura cada podcast.

5. Canciones de contexto: en ocasiones, se pueden escuchar canciones que tienen que ver con determinados aspectos de la narración, para ayudar a crear contexto. Así ocurre, por ejemplo, cuando se utiliza la canción "I've seen that face before" de Grace Jones, para realzar un momento en el que el protagonista, V, participó en una entrevista en un programa de televisión donde también apareció la cantante de origen jamaicano. En este caso, la sonoridad de esta canción de 1981 nos lleva a aquellos años y a aquella televisión (TVE) en la que los programas nocturnos de entretenimiento eran una mezcla de los elementos más diversos. Un detalle aparentemente inocuo aporta otro mensaje: los numerosos años que V está presente, de una u otra manera, en la vida pública española.

6. Canciones sin conexión: suelen aparecer en la parte final de los capítulos, sin ningún tipo de presentación previa y sin que muestren ningún enlace con el desarrollo de la narración. Dada su ubicación, estas canciones pueden tener varios objetivos: una finalidad estética (suenan bien, son agradables), una desaceleración de la tensión aportada por la historia (al contrario que en las series de televisión, que se suelen interrumpir tras súbitas revelaciones) y la creación de un espacio tranquilo donde el oyente pueda asimilar todo lo que acaba de escuchar. Se han identificado canciones de Johnny Cash ("The beast in me"), The Smiths ("Heaven knows I'm miserable now"), Justice vs Simian ("We are your friends"), Adriano Celentano ("Il ragazzo della Via Gluck"), Golpes Bajos ("No mires a los ojos de la gente"), AC/DC ("Moneytalks"), etc. Hay también otras músicas sin identificar: una canción de hip hop, otra de ritmo funky, percusiones de ambiente arábigo y ritmos electrónicos, entre otras.

7. Spots televisivos: a lo largo de los diferentes episodios suelen aparecer los audios de diferentes anuncios de televisión, que están, de alguna manera, relacionados con la historia que se cuenta. Su sonido, su redacción, sus voces y sus músicas remiten al internauta a determinados momentos de los años anteriores y dan contexto temporal a la narración. Aquí encontramos un anuncio de Cenyt, consultoría organizacional vinculada a Villarejo, un spot de la campaña antidroga ("Simplemente di no"), otro con dicción latina de la Iglesia de la Cienciología, un anuncio en inglés de Al Mansur sobre los encantos de la ciudad de Córdoba (se trata de intereses inmobiliarios de Villarejo), otro spot de Caja Madrid sobre los atractivos de invertir en la entidad, etc.

8. Tratamiento de las voces: en determinados pasajes del podcast las voces de determinados personajes se distorsionan, creando un determinado efecto en el oyente. En el segundo episodio una voz femenina en off lee un viejo currículum de V; la voz ha sido retocada para simular una grabación de hace años. En la lectura de un informe falso presentado ante el juez también se enmascara la voz. Sería el equivalente a los filtros fotográficos, para dotar a la historia de mayor incertidumbre o tensión narrativa.

5.2.- Los elementos verbales

Tras comprobar que el trabajo del diseñador de sonido juega con elementos muy diferentes a la hora de crear el ambiente propio del podcast, se analizan a continuación los elementos verbales (voces), en los que se transmite la narración de los hechos. Como en el apartado anterior, se ha constatado la existencia de casi una decena de elementos, que personalizan aún más el soporte sonoro de *V, las cloacas del Estado*.

1.- Uso de la primera persona. El periodista-guionista, Álvaro de Cózar, narra buena parte de los hechos en primera persona. Es él quien ha realizado las diferentes investigaciones, las numerosas entrevistas, la documentación de diferentes pasajes o las reflexiones ante determinadas situaciones. Aunque en la radio tradicional este protagonismo podría resultar excesivo, en la post-radio que aporta la red el resultado es más natural, en la onda de programas de televisión dedicados al periodismo de investigación. Según los créditos, es el único periodista, por lo que utilizar la primera persona del plural resultaría un tanto contradictorio.

2.- Voz en off en determinados pasajes. En diversas ocasiones, el periodista deja su lugar a una voz en off, a menudo femenina, que completa el relato de los hechos. Se trata de un elemento habitual en los programas documentales de la radio, como *Documentos*,[37] de RNE, donde una voz femenina narra los acontecimientos e identifica las voces de los diferentes participantes. De esta manera, la voz del periodista no resulta omnipresente, ya que se suele ceñir a los datos por él gestionados.

3.- Fragmentos de entrevistas de radio y televisión. Se trata de un tipo de trabajo muy habitual en la radio tradicional, cuando se realizan extensos reportajes sobre una determinada cuestión. Estos contenidos ayudan, de manera notable, a dar contexto a la historia que se narra, en ocasiones con archivos documentales inesperados.

4.- Fragmentos de presentaciones en radio y televisión. Son, en cierta manera, un complemento a lo anterior, ya que en este caso las voces corresponden a periodistas y presentadores de diferentes medios que hablan de cuestiones relacionadas con la narración del podcast. También se aportan cortes de voz rescatados de diferentes ruedas de prensa. El espectro temporal de estos fragmentos es muy amplio, como la propia historia narrada, que, como se ha dicho, ocupa unas cuatro décadas.

5.- Fragmentos de conversaciones y entrevistas realizadas por el propio periodista. Se trata de fuentes de primera mano, ya que Álvaro de Cózar pone el micrófono a personas que han tenido tratos con V o con personajes de su entorno. El audio de estas conversaciones fluctúa entre la asepsia sonora de un despacho y los fondos ruidosos de las cafeterías en las que el periodista se ha citado con sus interlocutores (las voces están más alejadas de la grabadora —sobre la mesa— y se escucha perfectamente el ruido de tazas, vasos y platos). Estas grabaciones ayudan a dar realismo al discurso global, aunque hayan sido grabadas deliberadamente de esta manera.

---

[37] *Documentos*, programa dirigido por Miguel Angel Coleto, se emite desde 2001 en RNE todos los sábados de 15.00 a 16.00 horas y en Radio Exterior los domingos de 13.00 a 14.00 horas. El programa se encuentra habitualmente en el Top 100 de podcast de iVoox (https://www.ivoox.com/top100_hb.html).

6.- Cortes de voz de personalidades públicas: se trata, de nuevo, de grabaciones recuperadas de la fonoteca, donde se escucha a presidentes de gobierno, ministros, policías, jueces, denunciantes, periodistas... En algunos casos, son declaraciones conocidas, mientras que en otros aportan determinados puntos de la vista a la investigación en curso. En un rápido vistazo a la lista de nombres propios reunidos en la correspondiente base de datos encontramos al teniente coronel Tejero, Felipe González, David Miscavige[38], Tom Cruise, Emilio Rodríguez Menéndez, Jesús Gil, Juan Antonio Samaranch, José María Ruiz-Mateos, Baltasar Garzón, Ronald Reagan, Laureano Oubiña, Jordi Pujol, Francisco Correa, Mariano Rajoy, Carme Forcadell, Nicolás Gómez, Francisco Granados, Edurdo Inda, Jorge Fernández Díaz, Pedro Sánchez, Juan Ignacio Zoido, Iñaki Gabilondo, Saddam Hussein, Ronald Reagan...

7.- Cortes de voz de ciudadanos anónimos, manifestantes, etc. Frente a las expresiones verbales de personas con determinado peso específico en partidos, medios de comunicación e instituciones, el guion incorpora, de vez en cuando, declaraciones de ciudadanos anónimos o gritos y eslóganes de algunas manifestaciones para ilustrar mejor la historia. Este recurso también exige recurrir a la fonoteca de la radio tradicional para materializar ese nuevo discurso de la post-radio.

8.- Dramatización de conversaciones. Este elemento, que habitualmente no se utiliza en la radio convencional (cuando no existe testimonio sonoro de una declaración no se dramatiza, sino que se redacta para su posterior lectura) se ha convertido en un recurso frecuente en la televisión: véase, por ejemplo, cualquier emisión de *El intermedio*, en La Sexta. Dentro de las libertades que se permite el podcast, la dramatización o reconstrucción de conversaciones sin las voces originales es también un recurso en boga. Esta puesta en escena enriquece la sonoridad global del programa, al mostrar, de otra manera, un testimonio existente (reconstrucción de una conversación de wasap o de un cruce de correos electrónicos, por ejemplo) del que no existe el audio correspondiente.

9.- Las notas de voz. Estamos ante otro de los elementos originales de este podcast. Habitualmente las emisoras de radio utilizan las "notas de voz" (grabaciones breves realizadas con el teléfono móvil) enviadas por los oyentes para mostrar su opinión sobre determinada cuestión. El periodista las utiliza con un objetivo diferente: las enumera y las utiliza hasta en 17 ocasiones para hacer reflexiones en voz alta, expresar dudas o transmitir recapitulaciones y resúmenes sobre diferentes circunstancias que rodean a V. Suele haber un par de notas de voz por episodio y son correlativas (hasta el

---

[38] Presidente de la Iglesia de la Cienciología.

nº 23), aunque algunas de ellas no se han llegado a publicar, por lo que el periodista ha saltado al número siguiente.

6.- CONCLUSIONES

1.- Un caso único en el campo del periodismo de investigación en formato de podcast: si se consulta el ranking de la plataforma iVoox con los podcast más escuchados, se observa que buena parte de los programas de mayor difusión están dedicados al llamado periodismo del misterio y de los fenómenos paranormales con sus correspondientes derivados, junto a algunos programas de deportes o de documentales radiofónicos. *V, las cloacas del Estado* se convierte así en un caso único, ya que no existen formatos de este tipo dedicados al periodismo de investigación. El gran coste que significa dedicar a un periodista durante meses a la búsqueda de información antes de ofrecer los resultados en antena o en la red sólo es asumible por los grandes grupos de comunicación, como en este caso ocurre con el grupo Prisa a través de Podium Podcast.

2.- Periodismo narrativo novedoso por combinación de elementos clásicos con otros nuevos: el podcast se nutre de contenidos y recursos habituales de la radio (lectura en off, cortes de voz, fragmentos de entrevista, efectos de sonido, canciones, música de apoyo...) para añadir elementos de la post-radio, como el uso particular de las notas de voz, el relato en primera persona o la dramatización de conversaciones. Esta combinación de recursos lleva el contenido narrativo a nuevos territorios.

3.- Hibridación de géneros: el podcast se nutre del reportaje radiofónico como punto de partida, pero incluye también las opiniones del periodista, la narración detallada del proceso de investigación, recursos de anuncios publicitarios, dramatizaciones, etc.

4.- Periodismo de investigación en su formato más amplio: la multitud de testimonios recogidos por Álvaro de Cózar supera, con creces, el concepto habitual del género, a menudo basado más en filtraciones que en investigación pura y dura. El periodista narra, casi en tiempo real, la información de que dispone y cuál será su siguiente paso, sin conocer a priori lo que va a ocurrir y logra transmitir al oyente esa incertidumbre. Este género, casi inexistente en la radio actual, es más habitual en la prensa, donde son los intereses políticos del editor los que fijan los contenidos, más allá del propio objetivo periodístico. El presente podcast llega más lejos, hasta denunciar, en cierta manera, cómo existen poderes ocultos dentro del poder con capacidad para alterar o reconducir determinados casos mediáticos.

5.- Importancia de la documentación sonora: más allá de las entrevistas realizadas por el propio periodista, el podcast muestra un ambicioso trabajo de documentación para recuperar testimonios sonoros de hace veinte o treinta años, ya sean cortes de voz, canciones, entrevistas de radio y televisión, ruedas de prensa, spots publicitarios, etc. Este esfuerzo cobra sentido al crear el contexto en el que ocurren determinados casos relacionados con

V, para subrayar su presencia cronológica durante décadas. La serie quedaría muy empobrecida si no se hubieran incluido estos contenidos de documentación sonora procedentes de diferentes fonotecas y videotecas.

6. Prioridad a la creación musical propia: como se ha comentado, la música está presente durante buena parte de la narración periodística, a menudo en segundo plano. Pero casi todos esos sonidos son de creación propia del equipo y tienen el mismo peso específico que una banda sonora en cine: envuelve y subraya cada momento de la historia que se cuenta, de forma que cada pasaje cuenta con su propio sonido (neutro, dinámico, tenso, relajado...). No se trata, por tanto, de los tradicionales fondos sonoros de fonoteca, sino de material creado específicamente para cada momento.

7.- Dramatización de la lectura: el periodista no se limita a leer los textos, sino que además los dramatiza, para darles un mayor efecto de realismo; cuenta su historia al oyente, con sus dudas, sus reflexiones, sus descubrimientos... De esta manera, el periodista encuentra en el oyente una especie de cómplice, al que pide que le acompañe en esta investigación de final incierto.

8.- Naturalidad en las grabaciones propias: la utilización de fragmentos de entrevistas realizadas por el propio periodista, grabadas en ocasiones en lugares donde existe un notable ruido de fondo (bares, cafeterías...), dota al conjunto de un mayor realismo. Frente a las fórmulas de la radio tradicional (buenos micrófonos, sólo voces, ningún ruido en el estudio), la post-radio que aporta este podcast da validez a esas conversaciones poco ortodoxas, con una atmósfera que añade credibilidad a la investigación periodística.

En resumidas cuentas, la diversidad de elementos y recursos técnico utilizados, junto a la variedad de tratamientos, soportes, fuentes y protagonistas de los contenidos verbales dan al podcast un tratamiento de gran profesionalidad; la complejidad de las historias entrelazadas que se narran podría ocupar páginas y páginas de periódicos, pero el reducido equipo que trabaja estos contenidos logra encajar las piezas sin dejar a un lado información importante y necesaria para entender el todo. La historia no sería la misma sin la implicación del periodista, la diversidad de testimonios, los recursos documentales y los elementos sonoros no verbales (canciones, músicas de fondo o de transición, efectos de sonido...) que se entrelazan y ordenan de manera que el discurso final resulta natural y, sobre todo, comprensible para el oyente.

Sólo queda desear que *V, las cloacas del Estado* ofrezca próximamente una segunda temporada, habida cuenta de los titulares que el protagonista, el comisario José Manuel Villarejo, ha generado en las últimas semanas: "La jueza prohíbe al comisario Villarejo acercarse a la doctora Pinto a menos de 500 metros" (eldiario.es, 21/6/2017), "Jordi Évole interrumpe las vacaciones de *Salvados* para emitir una entrevista al comisario Villarejo" (*El Mundo*, 21/6/2017), "La comisión de investigación de la Policía política cita a dos comisarios pero no a Villarejo" (eldiario.es, 21/6/2017), "El comisario

Villarejo: "Dejo de ser policía para dedicarme al periodismo de investigación"" (*Periodista digital*, 16/6/2017), "Los tentáculos de Villarejo en el mundo judicial" (*El País*, 25/5/2017), "Irene Montero relata la "cloaca policial" y el 'caso Villarejo' durante la moción de censura" (*Público*, 13/6/2017), etc. Quedamos, por tanto, pendientes de las próximas entregas del podcast.

Referencias bibliográficas

- Berry, R. (2006)."Will the iPod Kill the Radio Star? Profiling Podcasting as Radio". *Convergence: The International Journal of Research into New Media Technologies*, vol. 12, nº 2, 1 Mayo 2006, pp. 143-162. DOI: https://doi.org/10.1177/1354856506066522.

- Blanco, S. (2006). "El podcast: situación actual en el mundo hispano hablante". Zaragoza: Universidad de San Jorge. XIII Jornadas Internacionales de Jóvenes Investigadores en Comunicación, pp. 1.931-1.944.

- ---------- (2008). "Podcast versus radio: El triunfo de la portabilidad y la libertad de horarios". En: Nespral, D. (coord.) (2008). *El futuro es tuyo: La revolución social de las personas*. Madrid: Bubok, pp. 253-260.

- Gutiérrez, I.; Rodríguez, M. T. (2010). "Haciendo historia del podcast. Referencias sobre su origen y evolución". *Podcast educativo. Aplicaciones y orientaciones del m-learning para la enseñanza*, 2010, pp. 37-54.

- Ortiz Sobrino, M. A. (2012). "Radio y post-radio en España: una cohabitación necesaria y posible". *Área Abierta. Revista de comunicación audiovisual y publicitaria*. Vol. 12, nº 2, julio 2012.

- Salgado Santamaría, C. (2010). "Los podcasting en la radio española nuevas narrativas en la convergencia multimedia". En: SABÉS TURMO, F; VERÓN LASSA, J. J. (eds.). *El periodismo digital desde la perspectiva investigación universitaria* (X Congreso de Periodismo Digital, Huesca, 11-12/3/2010). Pp. 83-97.

- *V, las cloacas del estado. Podium Podcast.* [en línea] http://www.podiumpodcast.com/v-las-cloacas-del-estado/. Disponibles los 10 capítulos de la primera temporada. Consulta: 4/3/2017.

CHRONIQUES DE LA RÉVOLUTION O CUANDO LAS REDES SOCIALES SON FUENTE DE INSPIRACIÓN DE DOCUMENTALES

María Rubio Chaves
Universidad de Cádiz

Resumen

Chroniques de la Révolution es el segundo largometraje documental del director tunecino Habib Mestiri, realizado en 2012. Su originalidad radica en que los protagonistas son, además de personajes famosos nacidos en Túnez como Claudia Cardinale, Georges Wolinski o Michel Bounejah, niños y adolescentes que realizan cortometrajes sobre la Revolución tunecina a partir de imágenes que han visto y compartido en las redes sociales, especialmente en Facebook. Es la primera vez que se le da voz a los niños para que cuenten cómo vivieron ellos la Revolución y qué futuro esperan tras la misma.

Compartir información es uno de los principales motivos por los que se creó Internet y la búsqueda de esa información la razón por la que diariamente lo consultamos. Gracias a la unión de los principios de Internet y la cinematografía se ha conseguido realizar este documental, que se hibrida con otros géneros como el cortometraje o el videoactivismo.

Gracias a este documental podemos entender la importancia que tuvieron las redes sociales a la hora de difundir los acontecimientos que tuvieron lugar durante los días que duró la Revolución tunecina. A pesar de su importancia es necesario recordar que no se ha tratado en ningún momento de una "revolución Facebook" sino que las redes sociales han sido únicamente el medio a través del cual compartir y consultar información y en el que los mensajes se han reproducido más rápidamente.

PALABRAS CLAVE: Túnez, documentales, Primavera Árabe, Internet, infancia, adolescencia.

1. Introducción

La relación de Túnez con Internet se remonta al año 1991. Fue el primer país árabe y africano en conectarse a la red. En el año 2000 se produce una conexión masiva a Internet gracias a los *publinet* (nombre dado a los cibercafés en Túnez) y a campañas de difusión como venta de ordenadores a mil dinares o a los autobuses informatizados, lo que hará que los habitantes de las grandes ciudades se encuentren conectados muy rápidamente. Esto se explica por una voluntad real del régimen de Ben Ali para promover Internet y las TICs desde una óptima económica: el turismo, por ejemplo. Esto es una paradoja porque a Ben Ali le gustaba y hacía movilizarse al Estado a favor de las nuevas tecnologías, pero no le gustaban las movilizaciones que entrañaba.

Así la década de los '90 estuvo marcada por una fuerte represión del régimen de Ben Ali. Muchos militantes del movimiento islámico Ennahda fueron detenidos y los periódicos silenciados. No se permitió ningún espacio de comunicación libre. El mensaje enviado por el régimen era claro: propaganda o silencio, la crítica estaba totalmente prohibida.

En este contexto, la oposición tenía a Internet como única opción para expresarse y difundir sus ideas. Y es aproximadamente en el año 2000 cuando nace el ciberactivismo en Túnez.

En la actualidad y según el informe 2015 de la *Internet Society*[39], en el apartado referido al Magreb encontramos los siguientes datos: Túnez ocupa el puesto 91 en acceso a Internet. Un 43,8% de los ciudadanos accede a Internet frente al 56% de Marruecos (clasificado en el puesto 67) o al 49,6% de Egipto (clasificado en el puesto 79). Argelia y Libia cuentan con una tasa de penetración del 16,5% respectivamente.

Tampoco hay que remontarse demasiado, solamente a principios del siglo XX para ver nacer el cine árabe. Túnez, desde el primer momento, se convirtió en una importante escuela cinematográfica, cuyo máximo exponente, Albert Samama Chikli, destacó en la producción de películas que describían la realidad. Aunque intentó inmiscuirse en el terreno de la ficción, sus obras nos han legado una excepcional herencia documental.

A pesar de que los inicios del cine en Túnez fueron documentales, en la actualidad no se le da a este género la importancia que merece, excepto en el periodo 2011-2014 en el que la producción documental superó con creces a la ficción (104 documentales frente a 52 producciones de ficción)[40]. Túnez dispone de una filmografía documental cuantitativamente reducida e irregular, pero cualitativamente digna de interés y extremadamente abonada. Los cineastas, al inicio de su carrera, ven el documental como un preludio del largometraje de ficción, sienten que al realizar documentales están en un *ghetto* del que tienen que salir si quieren hacer una carrera para toda la vida. Contra este pensamiento se posicionan los cineastas que se iniciaron en la Federación Tunecina de Cine Clubs (FTCC) y los de la Federación Tunecina de Cineastas Amateurs (FTCA), en especial el director al que dedicamos nuestra comunicación, Habib Mestiri, afirma que

---

[39] http://www.internetsociety.org/globalinternetreport/assets/download/IS_web.pdf
[40] Datos obtenidos en el Ministerio de Cultura tunecino entre marzo-junio 2016.

> el documental es un acto noble del cine porque es difícil de escribir, de
> filmar, de montar... porque no se trabaja con actores. Hay que sentir
> emociones a través de los documentos, contar cosas a través de los testi-
> monios... El documental toma su importancia con el tiempo; cuando veo
> las imágenes de archivo me da mucho placer, nostalgia...[41].

Respecto al estado del documental en el período 2011-2014, Habib Mestiri opina que

> se han hecho muchos documentales, un poco de forma salvaje, unos bue-
> nos, otros malos... yo creo que fue una reacción espontánea. Todo el
> mundo quería dejar testimonio de lo que pasaba. Después se calmó un
> poco. Todo el mundo ha querido hacer un documental sobre su visión de
> la Revolución, pero la mayor parte no estaban bien pensados. Esa es la
> dificultad de hacer un documental, hay que pensar bien, dar un punto de
> vista nuevo, sobre todo porque casi todas las imágenes son las mismas y
> están cogidas de Internet, de la televisión... lo que da la impresión de que
> siempre vemos lo mismo. [...] Los jóvenes que acceden al cine de forma
> profesional hacen documentales como un ejercicio de estilo, pero hay que
> mejorar la calidad de los mismos a la hora de dirigirlos. La mentalidad
> tiene que cambiar: el documental es más difícil de hacer que la ficción y
> que hay que mejorar su calidad para que sea accesible a todo el mundo y
> no solamente a un público cinéfilo. [42]

2. Metodología

La metodología utilizada para realizar la investigación consistió en el visionado del documental *Chroniques de la Révolution* del director tunecino
Habib Mestiri. A partir de él hice un análisis histórico y de contenido para
explicar qué período de la Revolución cubre y qué acontecimientos en concreto narra.

Posteriormente realicé una entrevista a su director en la que se tocaron muchos y muy variados temas como su trayectoria cinematográfica, por qué y
cómo rodó *Chroniques de la Révolution*, la censura y el estado del documental en Túnez y su distribución. Utilizaré algunos fragmentos de esta entrevista para dar validez al texto que presento.

Y finalmente relaciono las teorías de la práctica videoactivista con las imágenes del documental y la relación de las redes sociales con la Revolución
tunecina.

3. La Revolución tunecina

Para hacer una breve panorámica de la Revolución tunecina me voy a basar
en los textos de Gutiérrez de Terán y Álvarez-Ossorio (2011) y Rodríguez

---

[41] Entrevista mantenida con el director Habib Mestiri el 31 de mayo de 2016 en el Hotel el-
Mouradi de Gammarth (La Marsa-Túnez).
[42] *Idem.*

(2012). La Revolución tunecina, mal llamada Revolución de los Jazmines, aunque sí acepta la denominación de Revueltas de la Dignidad, surge por el malestar de los tunecinos a situaciones vividas durante muchos años: un régimen autocrático desconectado de la realidad y aferrado al poder que se perpetuaba desde 1987, una corrupción endémica que se extendía por todas las estructuras gubernamentales, una propaganda oficialista que falsificaba la realidad, una asfixiante persecución a toda oposición política y una sistemática vulneración de las libertades y derechos fundamentales como vivienda, sanidad o trabajo.

El documental *Chroniques de la Révolution* muestra imágenes realizadas en los primeros días de la Revolución y cortometrajes filmados por niños y adolescentes que emulan los acontecimientos de esos días, que comienzan con la quema a lo bonzo del vendedor ambulante Mohamed Bouazizi el 17 de diciembre de 2010. Su primo, Ali Bouazizi, colgó esas imágenes en Facebook y la cadena al-Jazeera se hizo eco de ellas en el informativo vespertino. Los medios locales no las emitieron, pero todo el mundo supo lo que ocurría en Sidi Bouzid gracias a Internet. Los días posteriores hubo protestas en otras localidades y también fueron filmadas y subidas a la red. Los ciudadanos ya conocían el alcance de las imágenes difundidas por Internet y por las cadenas de televisión por satélite.

El 24 de diciembre de 2010 se produjo el primer muerto por disparos de la policía en Menzel Bouzaiene. En ese momento, el carácter pacífico de las protestas pasó a resistencia cuando la policía comenzó a cargar con munición real. En revancha, los manifestantes prendieron fuego a vehículos oficiales y oficinas gubernamentales.

El 4 de enero de 2011 murió Mohamed Bouazizi en el hospital. A su funeral acudieron muchas personas que organizaron una marcha bajo extrema vigilancia policial. A partir de ese día, el régimen comenzó a arrestar a activistas, manifestantes y blogueros y cerró muchas páginas de Internet. Dos días más tarde, el rapero Hamada Ben Amor "El General" fue detenido por su canción *Presidente, tu pueblo se está muriendo* en el que criticaba el desempleo y la corrupción y que se había convertido en una de las bandas sonoras de la Revolución.

El 8 de enero de 2011 las fuerzas de seguridad tunecinas abrieron fuego contra los manifestantes en las marchas civiles organizadas en Thala, Kasserine, Feriana, Meknassi y Regueb. Fue el detonante de las revueltas en la capital, ajena a todo esto anteriormente. La Kasbah fue el punto de encuentro y protesta de los desempleados, los obreros, la clase media, los intelectuales, los periodistas...

Durante los días posteriores hubo más manifestaciones, otro discurso de Ben Ali prometiendo la creación de trescientos mil puestos de trabajo, huelgas, incendios en edificios públicos, robo de armamento, muertos... por fin las autoridades tunecinas adoptaron una nueva posición y reconocieron el carácter político de la Revolución, que tomó cuerpo en el tercer discurso de Ben Ali el 13 de enero en el que se comprometió a un diálogo con la oposición, impulso de reformas políticas democratizadoras y la no revalidación de su candidatura en las elecciones de 2014.

Al día siguiente, 14 de enero, el ejército tunecino se rebeló tras la destitución del General Rachid Ammar por contravenir la orden presidencial de cargar con munición real contra los manifestantes. Ben Ali, con su mujer y su hijo, en ese momento huía del país hacia Arabia Saudí en su avión privado. La marcha de Ben Ali no supuso el fin de la Revolución tunecina. Más que nunca los jóvenes tuvieron claro que era el momento de mantener el pulso en la calle.

Sin embargo, la felicidad sin noticias de Ben Ali no podía durar mucho. Él tenía intención de regresar a la presidencia del país, por eso el 15 de enero se acogió al artículo 56 de la Constitución alegando incapacidad temporal para desempeñar sus funciones y delegó las tareas de la Presidencia en su primer ministro Mohamed Ghannouchi. Pero el Consejo Constitucional de Túnez declaró su incapacidad con carácter definitivo y permanente y recurrió al artículo 57 para resolver el vacío de poder. Así, el presidente de la Cámara de los Diputados, Foued Mbaza juró como presidente interino y estableció toque de queda y estado de emergencia en todo el país durante un mes. El 29 de enero anunció la composición del nuevo gobierno interino que se descompuso al cabo de pocos días por el rechazo de la calle a un gobierno liderado por antiguos ministros de Ben Ali.

En los meses siguientes siguió la inestabilidad política, pero se fueron afianzando organismos y tomando decisiones importantes. En febrero se creó el Instituto Superior para la Realización de los Objetivos de la Revolución, de la Reforma Política y de la Transición Democrática y se puso fin al toque de queda, aunque vendrían algunos más después. En marzo y en abril siguió habiendo cambios de gobierno y las elecciones a la Asamblea Constituyente de Túnez, las primeras democráticas de su historia, se postergaron del 24 de julio al 23 de octubre. Los resultados se anunciaron el 25 de octubre y ganó el partido islamista Ennahda con una amplia mayoría respecto al segundo partido más votado, el RCP (Congreso para la República) de Moncef Marzouki.

4. Chroniques de la Révolution

Existen algunos libros infantiles y juveniles para explicar la Revolución a los más jóvenes, como por ejemplo *Raconte-moi la Révolution* de Ingrid Chabbert y Loren Bes (Éditions des Samsara) o *La Plume du Révolutionnaire* de Aida Allani (Celi Éditions). Ambos son ediciones bilingües en árabe y francés con ilustraciones para hacer más fácil la comprensión de los hechos[43]. Pero quizá los niños y jóvenes tunecinos deberían aprender qué fue la Revolución a través de los cortometrajes que han hecho sus compatriotas de la misma edad. Por lo tanto, hagamos caso al refrán que dice "Una imagen vale más que mil palabras" y difundamos los documentales para conocer la historia.

Este documental puede incluirse dentro del denominado "cine militante" porque posee algunas de las características del mismo y que Galán Zarzuelo (2012) expone:

1. Clara posición contrahegemónica, considerando como hegemónico el sistema de producción del cine comercial. Los cineastas que realizan este tipo de películas demuestran un compromiso ético y político con el mundo que les rodea, de tal manera que consideran que el cine es una herramienta que puede contribuir a la transformación social.

2. Estos postulados afectan directamente a la conformación de la obra audiovisual. El discurso fílmico se ve alterado a nivel temático y estético. A nivel temático los cineastas se inclinan por desarrollar cuestiones que traten problemáticas que afectan a los sectores populares, invisibilizados por casi todo el cine comercial. El cineasta produce así un discurso audiovisual con el claro objetivo de agitar las conciencias de los espectadores.

4.1. Ficha técnica

Título	*Chroniques de la Révolution. Une histoire de vieux racontée par des jeunes*
Año	2012
Género	Documental, político
Idioma(s)	VO árabe tunecino y francés subtitulado en francés
País	Túnez
Dirección	Habib Mestiri
Producción	Lassâad Goubantini y Alain Souffi
Guion	Habib Mestiri
Reparto	Claudia Cardinale, Michel Bounejah, Mohamed Ayoub Ammar, Sayeb Bel Hadj Amor, Houssem El Ouderni, Jihène Brahem, Achraf Ammar, Aymen Jabali, Nader Loued, Ahmed Rezgui, Françoise Gallo, Georges Wolinski, Albert Memmi y Georges Memmi.
Productora	Ciné 7ème Art y Deep Vision

---

[43]http://www.linternaute.com/livre/expert/50944/le-printemps-arabe--une-revolution-expliquee-aux-enfants.shtml

4.2. Resumen

Entremezclando imágenes reales con las filmadas por ellos mismos, los jóvenes que realizan los cortometrajes que componen *Chroniques de la Révolution* dan su propia visión de la Revolución tunecina, de la que parece que han sido excluidos. Es muy interesante ver el punto de vista de Ahmed Rezgui en *Wael et la révolution*, en el que sigue a un herido de la revolución para saber cómo la ha vivido y cómo vive en su situación de discapacidad actual; Jihène Brahem en *La Tunisie Eternelle* muestra imágenes históricas de Túnez e intercala imágenes violentas y de solidaridad de la revolución, así como testimonios de otros jóvenes de Sousse; Mohamed Ayoub Ammar en *La Révolution Tunisienne* recrea la quema a lo bonzo de Mohamed Bouazizi mezclando imágenes que rueda con sus amigos con imágenes reales tomadas de Facebook; Aymen Jeballi en *Liberté, liberté...* filma lo que sucede desde su azotea; Achraf Ammar en *Al-Amana* se inspira en las revueltas de los barrios populares; Nader Loued en *Cendres de la liberté* busca un nexo de unión entre la Túnez de antes, durante y después de la revolución; Houssem El Ouderni en *Interaction* cuenta la revuelta de Gabes según los ojos de un niño. Además de los cortometrajes, artistas e intelectuales como Claudia Cardinale, Michel Boujenah, Françoise Gallo, Georges Wolinski, Albert Memmi y Georges Memmi dan testimonio de la pasión que sienten por su país natal y cómo han vivido la revolución desde París, donde actualmente viven[44].

4.3. Habib Mestiri, el director

Habib Mestiri comenzó su trayectoria cinematográfica en la Federación Tunecina de Cineastas Amateurs en los años '70, cuando todavía no había escuelas de cine en Túnez. La FTCA es una asociación que impartía formación y les permitía rodar películas. Ahí dio sus primeros pasos en el mundo del cine. Después obtuvo un diploma en realización y ser marchó a Italia a trabajar. Ha estado durante 17 años en la televisión italiana, momento en el que se alejó un poco del cine, pero en el año 2008 volvió al cine con un largometraje documental *Images Sacadées*, que cuenta la historia de Túnez a través del film amateur.

En 2010 regresó a Túnez y se sintió obligado a trabajar sobre la actualidad tunecina, porque sentía que como cineasta debía dar testimonio de lo que ocurría. Por eso decidió filmar *Chroniques de la Révolution*, como una forma de dar testimonio y archivar lo que ocurría. Más o menos un año después de que se estrenara *Chroniques de la Révolution*, el 6 de febrero de 2013, asesinaron a Chokri Belaid y le impresionó ver las imágenes de la

---

[44] GOUBANTINI, L. y SOUFFI, A. (productores) y MESTIRI, H. (director). 2012. *Chroniques de la Révolution. Une histoire de vieux racontée par des jeunes* [documental]. Túnez : Ciné 7ème Art y Deep Vision.

gente que aun sin conocerlo acompañaba su cuerpo al cementerio, así que decidió rodar *Heureux le Martyr* (2013) en su honor.

Su trayectoria cinematográfica ha estado marcada por el cine amateur, su experiencia como periodista, su militancia política y el tiempo que estuvo en prisión a causa de sus ideas[45].

4.4. Habib y *Chroniques*.

Para entender el título de la comunicación es necesario conocer la historia de cómo surgió la idea de realizar el documental. En realidad, todo ocurrió gracias a su hijo. Durante la Revolución y debido al toque de queda, su hijo se pasaba todo el día en casa pegado a la pantalla del ordenador. Intentaba que se divirtiera con otras cosas, pero no lo conseguía, y entonces vio el intercambio de imágenes que hacían los jóvenes a través de Facebook y los comentarios a los vídeos... y de pronto se le ocurrió la idea de realizar el documental porque los jóvenes estaban viviendo un momento histórico y saber cómo lo vivían le intrigó. Así que, a través de su hijo comenzó a ver los vídeos que circulaban por Internet y a identificar a sus autores, que habían rodado esos vídeos de forma espontánea, sin dirección.

Para él, este documental es muy importante porque es la primera vez que unos jóvenes muestran su realidad a través de un film, como si el cine se hubiera puesto a disposición de todo el mundo, la democratización del cine. El interés de *Chroniques* radica en que guarda la nueva memoria que se está forjando del país gracias los jóvenes, que antes eran apolíticos y no participaban en su futuro, y ahora lo documentan y dan su opinión[46].

5. El documental, el videoactivismo y el periodismo ciudadano en la Revolución tunecina.

El documental es la producción cinematográfica elegida por los directores tunecinos que quieren representar la Revolución porque es la herramienta más utilizada para reflejar, denunciar y criticar la sociedad, y apenas utilizada durante la época de Ben Ali. Y como ya vimos en la introducción, el documental ha sido el género cinematográfico más cultivado en el periodo postrevolucionario.

Pero antes de continuar con este apartado es importante definir algunos términos. Comenzaremos por el de "documental" que Gómez-Tarín y Marzal (2015, pág. 117) definen así: "modelo de expresión cinematográfica que parece partir de una doble naturaleza: la oposición al cine de ficción, pero

---

[45] Entrevista mantenida con el director Habib Mestiri el 31 de mayo de 2016 en el Hotel el-Mouradi de Gammarth (La Marsa-Túnez).
[46] Idem

también un género capaz de representar con mayor precisión nuestras relaciones con la realidad".

Para poder definir el término "videoactivismo" he recurrido a la compilación de Sierra y Montero (2015) en la que aparecen varias definiciones que se completan unas a otras: "el videoactivismo son prácticas sociales de carácter comunicativo, utilizadas como recursos de intervención política por actores ajenos a las estructuras de poder dominantes con un objetivo de transformación y ejecutables a través de distintos fines tácticos. No es sólo una forma más de acción colectiva sobre el acontecer social. La práctica videoactivista, además de un poderoso analizador social, es un dispositivo de autoorganización de redes de resistencia y lucha sociopolítica. Aunque en los entornos digitales, las tecnologías mediáticas híbridas y las prácticas de comunicación desestabilizan constantemente las categorías y etiquetas con las que tanto académicos como practicantes han venido trabajando sobre el videoactivismo hasta el momento".

Como comenta Marta Lazo (2012, págs. 12-16) los géneros se expanden en un contexto de innovación de modelos de comunicación, nuevas formas de tratamiento y desarrollos mediáticos acelerados. Esto manifiesta el complejo entorno en el que debe situarse el mantenimiento de las identidades, la apertura a otras mutaciones y la generación de otras formas y modelos. El que muchas prácticas videoactivistas se asocien a documentales se debe al hecho de combinar dos géneros próximos en algunos aspectos.

Y ya por último Marta Lazo (2012, pág. 134) afirma que la apertura de los cibergéneros periodísticos a toda la población, fenómeno denominado "periodismo ciudadano", permite cumplir el propósito esencial de la labor de servicio público inherente al periodismo y, además, se puede cubrir en tiempo real, dada la rapidez con la que se puede colgar la información, casi simultánea al momento en el que sucede el hecho. Esta opción no debe restringirse sólo a profesionales de los medios de comunicación, pues no hay que olvidar que los ciudadanos les otorgan la potestad de informar mediante una delegación tácita del derecho a la libertad de expresión. Dicha cesión se debe a las escasísimas opciones que permitían los medios tradicionales para la creación de contenido. Sin embargo, los soportes actuales ofrecen un gran salto cualitativo en el acceso de los ciudadanos como productores. De ahí que surjan diferentes nomenclaturas para bautizar a quien actúa de forma indistinta como emisor y receptor dentro del proceso comunicativo, tales como EMIREC, prosumer, perceptor participante, lectoautor, autolector o como los nombran Pisani y Piotet (2009, pág. 109) webactores, que son usuarios de la web con un papel muy activo y que además producen, actúan, modifican y dan forma a la web de hoy.

Para volver a enlazar el videoactivismo con los cortometrajes realizados por los niños y jóvenes en *Chroniques* es necesario hablar del elemento "videoactivista" por excelencia: el móvil, que es un dispositivo periodístico, una herramienta versátil con mucha capacidad de propagación y conectividad al instante, con el que se captan imágenes que sirven de testimonio sobre el acontecer de las calles. Con estos dispositivos se lanzaba un circuito de comunicación que pasaba por Google, Twitter, Facebook... hasta llegar al hijo de Habib Mestiri y de ahí a su documental. Pero no sólo, también llegaron a al-Jazeera que les dio difusión y logró superar los sistemas de censura y control. A pesar de la baja calidad de las imágenes de muchos de estos vídeos, al-Jazeera los incluyó en sus informativos como material gráfico basado en hechos reales y con el que la cadena pudo ofrecer actualidad al minuto sin grandes inversiones en producción, asegurando así una posición propia.

Para finalizar este apartado, es interesante el enfoque "desde abajo" que proponen Poma y Gravante (2013) y que no sólo invierte la mirada hacia los sujetos y los considera seres pensantes, sino que presta atención a los sujetos que normalmente han sido olvidados, tanto del poder como de los análisis académicos como es el caso de los jóvenes tunecinos, a los que Ben Ali ninguneó y a los que la Academia sólo les comenzó a prestar atención en forma de artículos y libros tras la Primavera Árabe.

6. Las redes sociales en la Revolución tunecina

La inmediatez de la información que aparece en los medios de comunicación y su maridaje con herramientas como Facebook o Twitter ha hecho que en las revoluciones que componen la Primavera Árabe haya particularidades especiales. No es la primera oleada de rebeliones populares en la historia, ni por supuesto será la última, pero teniendo en cuenta el escenario y el perfil de los sistemas políticos, la irrupción de esas herramientas en movimientos populares ha hecho que estas revueltas se aceleren y lleguen a un punto crítico con una rapidez histórica.

Sea por razones de largo plazo o por otras causas más coyunturales, lo cierto es que las revueltas que estallaron a partir de enero en el mundo árabe se han visto influidas por el uso de nuevas herramientas de comunicación de una forma que hace pensar en tres conclusiones:

1. Sorprende el impacto de estas herramientas si se tiene en cuenta que el uso de Internet está limitado fundamentalmente a los centros urbanos y a los jóvenes.
2. Las nuevas herramientas de difusión no necesariamente determinan los hechos, porque se habrían comunicado por otros medios, y de hecho así ocurrió en los momentos en los que no hubo conexión.

Pero sí aceleraron los acontecimientos a medida que se extendía la información.

3. En todo caso, las revoluciones árabes, gracias a Internet y a su relación con cadenas internacionales de noticias por satélite, se conocieron antes y con más detalle. Eso, a la larga, inspiró aún más a la población a involucrarse en la lucha.

El uso de las redes sociales en la Revolución tunecina es un aspecto controvertido, ya que a pesar de que es cierto que ayudaron mucho en la organización y difusión de los acontecimientos de la Revolución y fueron un espacio en el que sortear la censura de los gobiernos, el propio Mark Zuckerberg minimizó el rol de la aplicación en las revoluciones. "Facebook no era ni necesario ni suficiente para desatar esos acontecimientos", estimó en mayo de 2011 en París. "Sería extremadamente arrogante que una empresa tecnológica cualquiera se atribuya el mérito de los levantamientos en el mundo árabe" finalizó[47].

Tina Askanius (en Sierra y Montero, 2015, pág. 62) afirma que, dentro de la extensa discusión sobre el papel de las redes sociales en procesos de cambio político, YouTube ha sido considerado con frecuencia como una contribución clave en la transformación del discurso político y como un defensor tanto de la libertad de expresión como de la participación democrática. Sin embargo, González-Quijano (2011, pág. 114) recuerda que una de las app más utilizadas por la juventud árabe, y raramente mencionada por los medios, es el sitio MySpace, principal soporte de difusión de música más o menos alternativa, con verdaderas repercusiones políticas, como por ejemplo cuando la canción *Presidente, tu pueblo se está muriendo* se convirtió en el canto de adhesión a la protesta de toda la juventud contestataria del país.

Emiliano Treré (en Sierra y Montero, 2015, pág. 168) recuerda que desde el "florecimiento" de la Primavera Árabe han aparecido estudios y debates sobre el papel de los medios digitales y, en particular, de las redes sociales como Facebook, Twitter y YouTube en el activismo de movimientos sociales. En muchas de estas discusiones se ha otorgado a las redes sociales un papel revolucionario y se han desarrollado debates entusiastas en torno a la ubicuidad de las tecnologías audiovisuales y el uso de YouTube o Facebook para difundir llamadas a la acción y para documentar violaciones de los derechos humanos y casos de brutalidad policial. Es por esto que ha resultado muy tentador utilizar expresiones como "Revoluciones YouTube/Facebook" o "Youtubificación de la disidencia" para referirse a las revueltas de la Primavera Árabe.

---

[47] http://www.infobae.com/2012/02/05/1043363-facebook-trinchera-la-primavera-arabe/

Por supuesto, hablar de "revolución Facebook" equivale a confundir los medios y los fines, y atribuir a lo que no es más que un soporte de comunicación poderes que no posee, aun considerando que la expresión no tiene más que un valor metafórico y que busca, más bien, indicar la existencia de un clima general, incluso de cierta movilización popular, posible gracias a los nuevos medios de comunicación. Teniendo en cuenta esto, resulta mejor reconocer una influencia igualmente determinante de otros medios, empezando por la televisión y recordar que los medios de comunicación siempre han jugado un papel central en el cambio social.

7. Conclusiones

¿Existen prácticas videoactivistas en *Chroniques de la Révolution*? Por supuesto, desde la primera imagen de *Les événements du Kram Ouest* de Sayeb Bel Hadj Amor, en el que se juega la vida (literalmente) porque filma y se encuentra en medio del enfrentamiento en el que los manifestantes tiran piedras a la policía. De hecho, uno de los manifestantes le increpa y le pregunta por qué está grabando y que no quiere que lo suba a Facebook. Pero no sólo sus imágenes son una muestra de videoactivismo, sino también el resto de los cortometrajes que conforman el documental. Puede que ninguno de los protagonistas del documental supiera en ese momento que estaba haciendo videoactivismo, porque en realidad es un término que, aunque empezó a ser conocido en Túnez en el año 2000, era poco utilizado debido a la censura imperante en Túnez, y muy pocos activistas se atrevían a grabar sus intervenciones en contra del Gobierno; por eso "no existía" el término videoactivismo, porque "no lo necesitaban", y no se nombran los conceptos que no se necesitan. Algunos de los activistas que fueron más allá y denunciaron algunas tropelías del régimen, como la bloguera Lina Ben Mhenni o Slim Amamou, pagaron caros sus enfrentamientos durante el mandato de Ben Ali.

8. Bibliografía

- BENÍTEZ-EYZAGUIRRE, L. (2015) "Videoactivismo en Marruecos. El Movimiento 20 de febrero", *Revista Internacional de Pensamiento Político*, 10, págs. 119-134 ISSN: 1885-589X. Disponible en: http://pensamientopolitico.org/Descargas/RIPP10119134.pdf

- DAMIDE-BALDJI, N. (2012). « Le Printemps arabe, une révolution expliquée aux enfants ». En: *Lintern@aute*. 11 de febrero de 2012. [Consulta el 9 de junio de 2017]. Disponible en: http://www.linternaute.com/livre/expert/50944/le-printemps-arabe--une-revolution-expliquee-aux-enfants.shtml

- Entrevista mantenida con el director de cine italo-tunecino Habib Mestiri en el Hotel el-Mouradi de Gammarth (La Marsa-Túnez) el día 31 de mayo de 2016.

- GALÁN ZARZUELO, M. (2012) "Cine militante y videoactivismo: los discursos audiovisuales de los movimientos sociales". En: V. GUARINOS; M. J. RUIZ (Eds.), *I Congreso Internacional de la Red Iberoamericana de Narrativas Audiovisuales (Red INAV)*. Málaga-Sevilla: 23-25 de mayo de 2012. Sevilla: Universidad de Sevilla, Secretariado de Recursos Audiovisuales y Nuevas Tecnologías, págs. 1122-1133. Disponible en: https://idus.us.es/xmlui/handle/11441/36480

- Global Internet Report 2015. Mobile Evolution and Development of the Internet. Internet Society [Consulta el 28 de mayo de 2017]. Disponible en: http://www.internetsociety.org/globalinternetreport/assets/download/IS_web.pdf

- GÓMEZ-TARÍN, F.J.; MARZAL, J. (coords.) (2015). *Diccionario de conceptos y términos audiovisuales*. Madrid: Cátedra. ISBN 978-84-376-3386-2

- GONZÁLEZ-QUIJANO, Y. (2011) "Las revueltas árabes en tiempos de transición digital. Mitos y realidades". *Revista Nueva Sociedad*, 235, págs. 110-122. ISSN 0251-3552. Disponible en: http://nuso.org/autor/yves-gonzalez-quijano/

- GOUBANTINI, L; SOUFFI, A. (productores); MESTIRI, H. (director). 2012. *Chroniques de la Révolution. Une histoire de vieux racontée par des jeunes* [documental]. Túnez: Ciné 7ème Art y Deep Vision.

- de GRACIA, A. (2011). "Las rebeliones árabes sientan bases históricas". CIC Cuaderno de Información y Comunicación, 16, págs. 167-174. ISNN 1135-7991. Disponible en: http://revistas.ucm.es/index.php/CIYC/article/view/36994/35803

- GUTIERREZ DE TERÁN, I.; ÁLVAREZ-OSSORIO, I. (2011). *Informe sobre las revueltas árabes*. Madrid: Ediciones del Oriente y el Mediterráneo. ISBN 978-84-963279-3-1

- KHELIL, H. (2007). *Abécédaire du cinéma tunisien*. Tunis: SIMPACT. ISBN 978-99-736145-7-5

- KOHLE, F. (2014) "Social Media and Documentary Cinema: the Arab Spring, the Wall Street Movement, Challenges and Implications for Documentary Filmmakers" *Media Watch Journal*, 5(2), págs. 173-185 ISSN 0976-0911. Disponible en: http://www.fritzkohle.de/main/frames/start.html

- MARTA LAZO, C. (2012). *Reportaje y documental: de géneros televisivos a cibergéneros*. Las Palmas de Gran Canaria: Idea Universidad. ISBN 978-84-994175-4

- PISANI, F.; PIOTET, D. (2009). *La alquimia de las multitudes. Cómo la web está cambiando el mundo*. Barcelona: Ediciones Paidós Ibérica. ISBN 978-84 493-2196-2

- POMA, A.; GRAVANTE, T. (2013). "Apropiación y emociones. Una propuesta teórica desde abajo para analizar las prácticas de netactivismo". En F. SIERRA (Ed.), *Ciudadanía, tecnología y cultura. Nodos conceptuales para pensar la nueva mediación digital*, págs. 257-284. Barcelona: Gedisa. ISBN 978-84-9784-738-4

- RODRÍGUEZ, O. (2012). *Yo muero hoy. Las revueltas en el mundo árabe*. Madrid: Debate. ISBN 978-84-999208-5-6

- RUBIO CHAVES, M. (2016). "Blogueros y activistas tunecinos. La revolución inacabada". En: R. MANCINA CHÁVEZ (coord.), *Actas del I Congreso Internacional Comunicación y Pensamiento. Comunicracia y Desarrollo Social.* Sevilla: 9-11 de marzo de 2016. Sevilla: Egregius ediciones, págs. 263-278. ISBN 978-84-945243-2-5. Disponible en: https://idus.us.es/xmlui/handle/11441/50524

- SIERRA, F.; MONTERO, D. (Eds.) (2015). *Videoactivismo y movimientos sociales. Teoría y praxis de las multitudes conectadas.* Barcelona: Gedisa. ISBN 978-84-16572-24-3

- VALADÉS GARCÍA, B. (2011) "Conceptualizar el papel de las redes sociales en Internet en movimientos sociales y acciones colectivas. Propuesta aplicada a lo digital" *Razón y Palabra,* 16(77), págs. 1-16. ISSN 1605-4806. Disponible en: http://www.redalyc.org/articulo.oa?id=199520010091

- "Facebook, trinchera de la primavera árabe". En: Infobae. 5 de febrero de 2012. [Consulta el 7 de junio de 2017]. Disponible en:

- http://www.infobae.com/2012/02/05/1043363-facebook-trinchera-la-primavera-arabe/

- "Zuckerberg: Facebook Kids and Arab Spring". En: Reuters, 26 de mayo de 2011. [Consulta el 10 de junio de 2017]. Disponible en:

- http://www.reuters.com/video/2011/05/26/zuckerberg-facebook-kids-arab-spring?videoId=211135819

Este libro se terminó de elaborar
en noviembre de 2017
en la ciudad de Sevilla,
bajo los cuidados de
Francisco Anaya Benítez,
Director de Egregius Ediciones.